孟子（下）

国学读本

武汉大学国学院 编

八年级 下册

长江出版传媒
湖北教育出版社

图书在版编目(CIP)数据

国学读本　孟子(下)　八年级　下册/武汉大学国学院编.
—武汉:湖北教育出版社,2020.1(2022.12 重印)
ISBN 978-7-5351-7214-3

Ⅰ.①国…
Ⅱ.①武…
Ⅲ.①传统文化-中国-初中-课外读物
Ⅳ.①G634.303
中国版本图书馆 CIP 数据核字(2011)第 260537 号

国学读本　孟子(下)　八年级　下册
GUOXUE DUBEN　MENGZI(XIA)　BANIANJI　XIACE

出 品 人　方　平
责任编辑　孙亦君　　　责任校对　李庆华
封面设计　牛　红　　　责任督印　张遇春

出版发行　长江出版传媒　430070　武汉市雄楚大街 268 号
　　　　　湖北教育出版社　430070　武汉市雄楚大街 268 号
经　　销　新 华 书 店
网　　址　http://www.hbedup.com
印　　刷　荆州市精彩印刷有限公司
地　　址　湖北省荆州市沙市区银湖工业园 B 区 2 号
开　　本　787mm×1092mm　1/16
印　　张　5.25
字　　数　63 千字
版　　次　2020 年 1 月第 2 版
印　　次　2022 年 12 月第 14 次印刷
书　　号　ISBN 978-7-5351-7214-3
定　　价　18.00 元

前言

郭齐勇
（武汉大学国学院院长、博士生导师）

我国传统的教育，特别重视培育孩子们有健康良好的性格、品行，使其拥有一定的文化教养。古人说的“蒙以养正”，或“正蒙”，即开蒙的时候一定要端正。这是说：要由有德的家长与老师对儿童发蒙，教他立志做一个正直的人，有理想情操的人；儿童从小受到父母长辈与老师的言传身教，如果他的生活环境、语言环境都端正无邪，这将有益于他的健康成长。也就是说，对儿童、少年给予正面、正确的教育是十分重要的。作为人之父母、人之师长，有责任与义务让孩子从小就在正而无邪的环境中生活，培养其分辨是非善恶的能力，打下做人做事的基础。

传统文化宝库中有大量脍炙人口、传之久远的蒙学读物，如《三字经》《百家姓》《千字文》《千家诗》《弟子规》《幼学琼林》等，还有一些家训、家书等读物，都是“正蒙”的好教材。《论语》《孟子》《大学》《中庸》及其他典籍中都有不少有益于身心的圣哲格言，教育我们如何立志有恒，如何做一个对民族、对人类有用的人。

十年树木，百年树人。国民教育、中小学教育对一代代国民的基本素养的形成与提高最为关键。人文、人性的价值，中华民族历史文化的价值是长久的、根本的。我们现在最缺乏的是生动活泼的、适合不同学龄孩子的性情教育与生命教育，人之所以为人的基本价值观、做人做事底线与人的生活目的的教育，而这对国家民族的长久利益，对现代法治社会、公民社会的建构，意义十分重大。做什么人，培养什么人，是根本。人是目的，不是工具、手段。

我认识一些儿童的家长，他们指导自己的子女或孙子女，适当背诵一点古代经典，对开发智力很有好处。孩子们从三岁到十三岁的记忆力最强，多背一点，练一点童子功很有必要。这一年龄段只要多背诵一些经典，以后再慢慢理

解、反刍，将会终身受益。这不仅对孩子们学人文有好处，而且对孩子们学科学也有好处，对孩子们将来立身处世都有好处。

孔子提倡诗书礼乐之教。他说："志于道，据于德，依于仁，游于艺。"（《论语·述而》）又说："兴于诗，立于礼，成于乐。"（《论语·泰伯》）孔夫子让弟子优游、涵养、陶冶于诗书礼乐教化之中，养成健全的人格。国学中有很多内容及教育方式，属于博雅教育及君子人格培育的范畴，中国传统文人很看重作为个体的人的品位与生活品质，很重视人文的熏陶和修养。其中，诗词歌赋、棋琴书画的作用很重要。

有鉴于此，我们编写了这套国学读本。这套国学读本分为两种版本，供各校师生及适龄青少年读者根据不同情况选用：

第一种版本是综合读本。按学年段来分，按主题形式编写，共有 4 本，分别供小学一至二年级、小学三至六年级、初中和高中学生使用。每一册有四大单元，而单元主题的选择，我们仍然讲求"无一字无来历"的原则。第一册是根据《论语》"弟子，入则孝，出则悌，谨而信，泛爱众，而亲仁，行有余力，则以学文"来划分单元的。第二册是根据朱熹《小学》内外篇所立的纲目。第三册则根据《论语》所云"志于道，据于德，依于仁，游于艺"。第四册的分章根据便是家喻户晓的"孔门四科"。同时，每单元下面又有三个主题。每个主题之下又分为四个部分：经典集锦、千古佳话（或嘉文撷英）、国学常识、如琢如磨。

第二种版本是专题读本。按学期来编写，基本上按一册经典对应一册国学读本形式呈现，共有 24 本，分别供小学一年级至高中三年级学生分上、下学期使用。各册第一章为本书概述，对本书作者、主要内容和历史演变等进行简明

扼要的介绍，以便读者完整地了解该书。第二章及以后各章为具体古文内容解读、延伸阅读和问题与讨论等。

当然，我们对于主题的选择、内容的安排，也注意阶段性，希望各册自成体系。学生阅读循序渐进，庶几有所得。

需要指出的是，这套国学读本所遴选的古文篇目，大多已距我们年代久远，其表述的某些观念自然与今天的现实有所悖谬。然而，中国能有如此悠久的历史，其中必然贯穿着亘古不变的义理，心同理同，无须怀疑。因此，我们对古书内容并非全盘照搬，而是进行了精选，剔除了明显糟粕性的内容，实在无法剔除，也在注释中加以说明，以实现对学生的正面引导。

本套书由武汉大学国学院组织编写，郭齐勇主编，孙劲松和向珂担任了谋篇布局与统稿工作。本册书由皮明主编。编写工作得到湖北教育出版社同仁的指导支持与关心，谨此深致谢忱。编写类似读本的工作，尚在尝试阶段，其中的疏漏在所难免，敬请读者们不吝指正。我们的宗旨是，在青少年学生朋友的阅读使用中，不断对本套国学读本加以修订完善，使它逐步成为一套体例完善、选文精当、方便学生阅读且富于启发思维的国学精品，为传播国学知识，继承国学传统而尽一点绵薄之力。

目录

第八章　离娄章句上

第一节　沧浪之水

孟子曰："不仁[1]者可与言哉？安[2]其危[3]而利其菑[4]，乐[5]其所以亡[6]者。不仁而可与言[7]，则何亡国败家之有？有孺子[8]歌曰：'沧浪之水[9]清兮，可以濯我缨[10]；沧浪之水浊兮，可以濯[11]我足。'孔子曰：'小子[12]听之！清斯濯缨，浊斯濯足矣。自取之也。'夫人必自侮[13]，然后人侮之；家必自毁[14]，而后人毁之；国必自伐[15]，而后人伐之。太甲[16]曰：'天[17]作孽[18]，犹可违[19]；自作孽，不可活[20]。'此之谓[21]也。"

【注释】

①仁：对人亲善。　②安：安心。　③危：危险。　④菑(zāi)：灾害。　⑤乐：旧读yào，爱好，喜爱。　⑥亡：灭亡。　⑦言：沟通。　⑧孺子：幼童。　⑨沧浪之水：河名，在今天的湖北省境内。　⑩缨：系在颏下的帽带。　⑪濯：洗。　⑫小子：这里指孔子的弟子。　⑬侮：轻慢，怠慢。　⑭毁：破坏，毁坏。　⑮伐：讨伐，进攻。　⑯太甲：《尚书》中的一篇，讲述商代帝王太甲的事迹。　⑰天：人们想象中万物的主宰。　⑱孽：危害。　⑲违：违背，违反。　⑳活：生存，与"死"相对。　㉑谓：认为，以为。

【要旨】

孟子说道："那些并非仁义君子的人，难道可以同他商议吗？他们安心于所处的危险环境，继续着面临的灾难处境，自己甘心于面对灭亡的命运。如果还可以同那些不仁的人商议，怎么会发生亡国败家的事情呢？有首儿歌唱道：'如果沧浪之水是清的，就可以用来洗帽带；如果沧浪之水是混浊的，就可以用来洗脚。'孔子感慨道：'后生们都听到了吧！如果水清就可以洗帽带，水浊就只好洗脚了。根据水的程度自己定夺吧！'对人同样也是这个道理，人必定自己先贬损自己的人格，然后，他人才会侮辱你；家庭首先分崩离析，才会受到外来的冲击；国家内部四分五裂，他国的攻击也就不可避免了。《尚书》中的《太甲》篇写道：'老天对人的伤害，尚且可以抗争；如果自己伤害自己，那么，必然死路一条。'讲的就是这个道理。"

延伸阅读

从历代的中外思想家的作品中，我们可以找到很多对人的命运的表述，其中不乏深刻的见解。人首先是自然的产物，同时又是社会的产物，更主要的一点，人还是自身的产物，人要努力去把握自己的命运，才能为人生赢得成功。在人的进化过程中，人有了自我意识，就可以意识到自我的存在，可以对自身的行为做出判断，这就是反省的能力。虽然健全人都有这种潜能，却并非所有人都适当地开发了它。对个人的行为积极地进行检讨和反省，可以赢得他人更多的尊重，寻找到成功的自信。

诸葛亮在《出师表》中劝诫后主刘禅要做到"察纳雅言"。"不仁之人"往往都是刚愎自用，否则也不至于走到穷途末路，正如《尚书》中指出"天作孽，犹可违；自作孽，不可活"。

历代明君圣主之所以能成就伟业，宽广通达的品格是不可或缺的因素。周朝先主重用吕尚，"周公吐哺，天下归心"，开创了周朝八百多年的文治武功；唐太宗"纳谏如流"，任用敢于"死谏"的魏征出任宰相，方能创造出唐代"贞观之治"的空前强盛。明代帝王虽多不能勤勉，但是，明代的"言官"一职却为这或为昏庸、或为残暴的政治生活涂上了亮彩的一笔。从开朝的方孝孺以降，夏严、徐阶、于谦，到杨涟，虽然这些人都或立德，或立言，或立功，名垂青史，但他们都有一个共同特点，敢于向皇帝进"忠言"。虽或因言获罪，那自是皇帝的问题。但是，他们的行为共同昭示出一个深刻的做人道理，既要反省自己的行为，又要善于接纳他人的意见。

问题与讨论

1. 人类是否有能力掌握自己的命运？
2. 如何培养临危不惧这种勇敢品质？
3. 如果伪装自己来赢得他人尊重，这种做法可取吗？

第二节　自暴自弃

孟子曰："自暴[①]者，不可与有言也；自弃[②]者，不可与有为也。言非礼[③]义[④]，谓之自暴也；吾身不能居[⑤]仁由义，谓之自弃也。仁，人之安宅也；义，人之正路也。旷[⑥]安宅而弗居，舍正路而不由，哀[⑦]哉！"

【注释】

①暴：欺凌，损害。　②弃：抛弃，舍去。　③礼：礼节，仪式。　④义：合宜的道德、行为或道理。　⑤居：处于某种地位或践行某种规范。　⑥旷：荒废。　⑦哀：悲痛，伤心。

【要旨】

孟子说："自己残害自己的人，不能和他谈出有价值的言语；自己抛弃自己的人，不能和他做出有价值的事业。出言破坏礼义，这便叫作自己残害自己；自己认为不能以仁居心，不能由义而行，这便叫作自己抛弃自己。仁是人类最安适的住宅；义是人类最正确的道路。把最安适的住宅空着不去住，把最正确的道路舍弃不去走，可悲得很呀！"

延伸阅读

群体生活是人类不可或缺的组成部分，在进入文明社会之后，个体对组织的依赖更为突出。原始社会时期，人类为了谋求更强大的发展，面临的重大任务是如何跨越以血缘为纽带的氏族部落，建立起更大的联盟。契约和规范是维系联盟的重要保障，逐渐具体化、成文化，演进成为文明社会的法律和道德，这些都是处理好人与人之间的关系，保证人类共同体秩序的手段。而这些规范也成为合格的共同体成员的要求，成为“人”的内在要求。如果僭越规则，就成为对自我的否定，就是“自暴自弃”。

按照马斯洛的需求层次理论，“受人尊重的需求”和“自我实现的需求”是在解决掉“生理需求”“安全需求”和“社会需求”之后，较高层次的要求。这种理论有其合乎人性的一面，但是，历史长河中很多伟大人物的成长历程告诉我们，真正支撑起一个人实现远大理想的勇气并非客观条件的面面俱到，而是人的尊严。

一个懂得尊重自己的人不可能自暴自弃。越王勾践时刻铭记亡国之耻辱，方有卧薪尝胆，最后血洗前仇；韩信虽受胯下之辱，但那毕竟是权宜之计，不可与市井无赖的人格出卖相提并论，或许那一耻辱正是他奋发图强的强心剂。“扬州三屠”“嘉定七屠”时，很多人并非不可苟全性命，而是“死名节”来成就“君子”，这种行为在今天看来是“殉名”之愚，但是，一个有坚定的人生信条的人必然不至于玩物丧志，一无所成。

所以，人的自我尊重是不可缺失的一门人生修炼课。

问题与讨论

1. 完善人格的养成对人生有多大意义？
2. 缺乏自信是如何造成的？
3. 缺少自信是否必然缺少进取心？
4. 如何走出自甘堕落的阴影呢？

第三节　杀人盈城

孟子曰：“求[①]也为季氏[②]宰[③]，无能改于其德[④]，而赋[⑤]粟[⑥]倍他日。孔子曰：‘求非我徒也，小子鸣鼓而攻之可也。’由此观之，君不行仁政而富之，皆弃于孔子者也，况于为之强战？争地以战，杀人盈[⑦]野；争

城以战，杀人盈城，此所谓率[8]土地而食人肉，罪不容于死。故善战者服[9]上刑[10]，连[11]诸侯者次之，辟[12]草莱[13]、任土地[14]者次之。"

【注释】

①求：冉求，孔子的弟子。②季氏：鲁国卿相。③宰：卿大夫的家臣。④德：道德，品行。⑤赋：赋税。⑥粟：谷子，去皮后称为小米。⑦盈：充满。⑧率：遵循，沿着。⑨服：承当。⑩刑：刑罚，刑法。⑪连：联合。⑫辟：开垦，开辟。⑬莱：荒芜的土地。⑭任土地：开荒。

【要旨】

孟子说："冉求作为鲁国季氏的邑宰，没有能力增进季氏的德行，却向鲁国人民加收了一倍的赋税和粮食。孔子说：'我不承认冉求是我的学生，我的弟子们可以大力声讨他了。'从这件事看来，国君不施行宽厚仁爱的政治，而只追求聚敛财富，这些做法都是背离孔子的思想的，更何况为贪欲不遗余力地发动战争呢？争夺土地的战争，死难的人会布满田野；争夺城池的战争，死难的人会遍布城池。这样的战争，可以称为君王驱使土地来吞噬人的肉体，简直是罪大恶极啊！所以，好战的人应该处以最严酷的刑罚；游说诸侯，合纵连横的人罪过其次；（为了增加赋税使老百姓）开垦草莽，破坏井田制的人罪过再轻一些。"

延伸阅读

孟子生活的时代，正逢中国历史上战国时代的中期，诸侯国之间兼并战争频仍，民不聊生。和孔子生活的春秋末期相比，时局又发生了很大的变化。战争对人民的创伤，变得尤为残酷。孟子认为自己私淑于孔子，故对孔子的学说加以继承。孔子时代，诸侯国的政治格局相对稳定，只是作为天下共主的周王室的权威日益衰落，礼乐文化日益淡漠。孔子认为，最好的恢复社会秩序的方式是复兴周代的礼乐文化，并以此为己任付出了一生的努力。而孟子时代，更加迫切的问题是诸侯之间的兼并战争所带来的生灵涂炭。所以孟子的重要主张之一就是反对不义的战争，和平局面的维护是压倒一切的重中之重。

除了反对战争，孟子关注的另一个重要议题就是“民生”问题。人们的饥寒饱暖时刻挂在思想家的心头。通过孔子对冉求的批评，孟子表达了他对政治方针的见解。他认为，国家的治理，必须依靠国君成为有道德的人才能实现。只有统治者道德高尚，国家才能形成良好的政治风气，人民才能幸福。如果国君只顾聚敛财富，却不顾及国家的道德风尚，那么，这样的统治是不符合道义的。

儒家行仁政，虽然主张“有道伐无道”，并不如墨家的“寝兵禁攻”一般是绝对的反战主义者，但是，战争的结局必然是满目疮痍。在和平条件下，孟子认为君王的首要任务不是富民，而是以“仁德”来化育天下，只要“仁德”观念深入人心，人间秩序自然就有了基础和保障。

问题与讨论

1. 战争为人类带来无尽的创伤，能否把战争扼杀在萌芽里呢？
2. 如何限制统治者的扩张野心？

第四节　授受不亲

淳于髡[①]曰：“男女授[②]受[③]不亲[④]，礼与？”

孟子曰：“礼也。”

曰：“嫂溺[⑤]，则援之以手乎？”

曰：“嫂溺不援，是豺狼也。男女授受不亲，礼也；嫂溺，援之以手者，权[⑥]也。”

曰：“今天下溺矣，夫子之不援，何也？”

曰：“天下溺，援之以道；嫂溺，援之以手。子欲手援天下乎？”

【注释】

①淳于髡：复姓淳于，名髡，齐国人。　②授：授给，给予。　③受：接受。　④亲：亲自。　⑤溺：淹没。　⑥权：权变，灵活。

【要旨】

淳于髡说道："男人和女人之间馈赠物品，不可以亲手递接，是否这是礼节的要求？"

孟子说："确实如此！"

淳于髡说："如果嫂嫂掉进了水里，要不要伸手相救呢？"

孟子说："眼见嫂嫂掉进水里，如果不伸手相救，那简直是豺狼。男女之间不亲手递接，这是正常礼节；嫂嫂落水，伸手相救，这是礼节的变通。"

淳于髡说："现今的国政日益废弛，眼见天下大乱，您为何不伸手相助呢？"

孟子说："天下大乱，需要光复道义才能挽救；嫂嫂掉进水里了，用手可去救援。你难道要我伸手去光复天下正道吗？"

延伸阅读

周代是中国早期历史上礼乐文化最为繁盛的时代，不同的礼乐形式适用于不同的社会阶层。礼乐不仅是一种社会秩序的规范和保障，同时也是人们日常生活的组成部分，甚至对人们的待人接物、举手投足都有着明确的规定。对礼节的逾越在那个时代是不可谅解的过失。因为，自觉地维护礼乐文化，就等同于对社会秩序的遵守，同时，也就实现了对政治稳固的保证。但是，社会的政治文化环境是不断变迁的，对传统规范一成不变地沿袭，已经不能适应时局了。将文化传统灵活应用，更好地服务当代人，正是学者的使命。先进民族的文化一定是不断创新，充满活力的。

"授受不亲"的传统在整个礼教观念不容怀疑的古代社会从未动摇过，如此观念在今天社会如果依然延续，则很多职业必然就无人问津了。这段对话中"授受不亲"无非只是抛砖引玉罢了，淳于髡是希望孟子能够挽救危局，孟子也给出了他的答案，“援天下”并不是靠一己之力可以做到的，而是要依靠“道”，或者说一种理念、一种制度、一种文化，也即一种人间秩序。它的形成是漫长的，艰难的，需要无数有识之士的努力，使这种观念在每个人的思想中生根发芽，在社会中方能开花结果。

正如整个启蒙运动经过几百年的历程，自由的理念和人文精神在整个欧洲广为传播，才有三权分立制度的确立和欧洲的崛起一样，这也正如孔子所期待的“太上有立德，其次有立功，其次有立言”。真正的英雄豪杰并非那些用一个时代、一个民族、一个国家来成就个人雄才伟略的明君圣主，“秦皇汉武”“唐宗宋祖”“成吉思汗”，他们的背后留下的到底是无数人的福祉还是苦难呢？真正的英雄不是创个人之伟业，而是开万世之太平。

问题与讨论

1. 在面对传统习俗时，我们如何做到从中受益，同时又不背离自己的价值观？
2. 中国古代男女之间交往的诸多规范，在今天适用吗？
3. 仅凭杰出人物的一己之力，能否挽救民族和国家？

第九章　离娄章句下

第一节　逢蒙杀羿

逢蒙[1]学射于羿[2]，尽羿之道，思天下惟羿为愈[3]己，于是杀羿。孟子曰："是亦羿有罪焉。"

公明仪曰："宜[4]若[5]无罪焉。"

曰："薄乎云尔[6]，恶[7]得无罪？郑人使子濯孺子[8]侵卫，卫使庾公之斯[9]追之。子濯孺子曰：'今日我疾[10]作，不可以执弓，吾死矣夫！'问其仆曰：'追我者谁也？'其仆曰：'庾公之斯也。'曰：'吾生矣。'其仆曰：'庾公之斯，卫之善射者也，夫子曰吾生，何谓也？'曰：'庾公之斯学射于尹公之他[11]，尹公之他学射于我。夫尹公之他，端人[12]也，其取友必端矣。'庾公之斯至，曰：'夫子何为不执弓？'曰：'今日我疾作，不可以执弓。'曰：'小人学射于尹公之他，尹公之他学射于夫子。我不忍以夫子之道反害夫子。虽然，今日之事，君事也，我不敢废[13]。'抽矢[14]，扣轮[15]，去其金[16]，发乘[17]矢而后反。"

【注释】

①逢蒙：古代人名，羿的学生。　②羿：夏代有穷国国君。　③愈：较好，胜过。　④宜：应当。　⑤若：如，像。　⑥薄乎云尔：那样说就过于草率呀！　⑦恶(wū)：何，怎么。　⑧子濯孺子：古代人名。　⑨庾公之斯：古代人名。　⑩疾：病。　⑪尹公之他：古代人名。　⑫端人：正人君子。　⑬废：废弃。　⑭矢：箭。　⑮轮：车轮。　⑯金：箭头。　⑰乘：古代一车四马为一乘，这里代指量词。

【要旨】

逄蒙向羿学习射箭的本领，把所有本领都学到了，认为天下只有羿的本领比自己大，于是把羿杀了。孟子说："这里也有羿的过错。"

公明仪说："羿好像没有过错啊！"

孟子说："过错不大罢了，怎么能说一点也没有呢？郑国曾经派子濯孺子去侵略卫国，卫国派出庾公之斯来追击他。子濯孺子说：'今天我疾病发作，不能够射箭，我死期到了。'问他的仆从：'追我们的是谁？'仆从说：'是庾公之斯。'他便说：'那我就有活路了。'仆从说：'庾公之斯是卫国的射箭高手，为什么说可以逃过这一劫呢？'答道：'庾公之斯向尹公之他学习射箭，尹公之他又是向我学的射箭。尹公之他人品端正，他的朋友学生人品也差不了！'庾公之斯追赶上来，问道：'先生为何不张弓射箭？'回答道：'今天我疾病发作，不能射箭。'庾公之斯说道：'我向尹公之他学习箭术，他又是向您学习的，我不忍心拿您的本领害死您自己啊！但是，今天是奉君王之命作战，我又不能完全废弃。'于是抽出箭，在战车的车轮上把箭头拔掉，连发四箭掉头回去了。"

延伸阅读

人格是人类群体生活的必备素养，人格虽然可以有多种不同的理解，但他终究是提升自我的一种途径。同时，人格更好地服务于自我，使我们在赢得尊重的同时，顺利地融入到集体中去，并获得更大的快乐。

中国古代的"识人之道"在今天看来不能称得上科学，往往多是经验之谈，阅人无数自然就知人善任了。这种能力最关注的并不是达到"人尽其才，物尽其用"的目的，因为在这样看来，知人善任无非也是为己所用。对人的认识最突出的是品德，所以这种认识并无技术含量可言，它源于一种对人格的理解。中国古代有所谓"五伦"，即"君臣，父子，夫妇，兄弟，朋友"，和"仁、义、礼、智、信""温、良、恭、俭、让""恭、宽、信、敏、慧"这些品德相对应。如果羿被敌人杀死，孟子应该不会认为他

“有罪”，羿被自己的学生杀死，这在孟子看来，罪名的成立就理所当然了。“天地君亲师”，师徒关系也在伦常之内，学生对老师不敬都可称为大逆不道，何况杀师这种行为了。羿的罪状便在于对于不肖之学生，他不但不能诛之，反为其所害，“诛乱臣贼子”不但是对社会的贡献，也是个人的职责。羿的过错就是道德监察的“失职”。

问题与讨论

1. 什么样的人格才是理想人格？

2. 因为私人情谊而放走侵略军首领，这种做法合乎理想人格的要求吗？

3. 庾公之斯奉命作战而放走敌人，发几支空箭，是应付检查还是求心安理得呢？

第二节　君子自反

孟子曰：“君子①所以异②于人者，以其存心③也。君子以仁存心，以礼存心。仁者爱人，有礼者敬人。爱人者，人恒④爱之；敬人者，人恒敬之。有人于此，其待我以横逆⑤，则君子必自反⑥也，我必不仁也，必无礼也，此物奚宜至哉⑦？其自反而仁矣，自反而有礼矣，其横逆由是也，君子必自反也，我必不忠。自反而忠矣，其横逆由是也，君子曰：‘此亦妄人⑧也已矣。如此，则与禽兽奚择⑨哉？于禽兽又何难⑩焉？’是故，君子有终身之忧⑪，无一朝之患⑫也。乃若所忧则有之：舜，人也；我，亦人也。舜为法⑬于天下，可传于后世，我由未免为乡人⑭也，是则可忧也。忧之如何？如舜而已矣。若夫君子所患则亡⑮矣。非仁无为⑯也，非礼无行⑰也。如有一朝之患，则君子不患矣。”

【注释】

①君子：指有道德的人。　②异：区别，不同。　③存心：内心怀有

的意念。　④恒：长久。　⑤横逆：蛮横无理。　⑥自反：自我反省。　⑦奚宜至哉：怎么会发生呢？　⑧妄人：无知妄为的人。　⑨择：区别。　⑩难：诘责，驳诘。　⑪忧：愁苦，忧虑。　⑫患：忧虑，厌恶。　⑬法：标准，规范。　⑭乡人：乡里之间普通的人。　⑮亡：失去。　⑯无为：不去做。　⑰无行：不去实行。

【要旨】

孟子说："有道德的人和一般人相比，在于他们善于存养心灵，他们念念不忘仁爱的诉求和礼节的要求，恪守仁义的人对他人充满爱心，遵守礼节的人懂得互相尊重，付出爱心的人也会收获爱，尊重他人的人才会赢得尊重。假如我被别人以蛮横的方式对待，那一定先找找自身的原因，一定是我有不友善的态度和行为，要不怎么会有冲突呢？如果言行并没有不当之处，那人蛮横无理却依然不改，君子一定又反躬自问，我一定不忠，自我检查后，我实在是忠心耿耿的，那人蛮横无理仍然一样，君子就会说，这个人不过是个狂妄的人，和动物没什么差别！我和动物没有必要计较啊！'所以道德之士有一生的长远关怀，而不会为眼前的小事斤斤计较。他们关注的是天下大事；舜是人，我也是人，舜是天下人的楷模，千秋万代的典范，而我只是一个普通百姓，这种差距才是我发愁的。如果人们都效法舜去心怀天下，就没有什么难关了，行为处事都用节操要求自己，那么眼前的祸害，就不以为然了。"

延伸阅读

公民道德的缺失、人际关系的冷漠，一点点的矛盾和误解就会导致陌生人之间横眉冷对甚至大打出手。医治这一顽疾可谓是构建和谐社会的重要内容之急。因为人间既可以宛如"天堂"般温馨，也可形同"地狱"般凄惨，人间的"爱"与"恨"即便是神的意志，但是也可以通过人而得到救赎，人心毕竟是向善的吧！可是人间的诸多怨恨又因何而生呢？生存竞争另当别论，无谓的纷争才是自作孽啊！

正如孟子所言，我们在生活中严于律己，宽以待人，多些友好，多些尊重，多些自我反省，那么，睚眦必报的人就少了，宽厚和蔼的人就多了，我们的生活就会多一些阳光，少一些暗淡。

如果每个人都是其中的参与者，那么，每个人更会是其中的受益者。

问题与讨论

1. 如何认识人的心灵世界呢?
2. 沟通是否是处理人际关系的关键?
3. 每个人的价值标准都有差异，大家怎样才能和谐共处呢?

第三节　孔颜乐处

禹、稷①当平世②，三过其门③而不入，孔子贤之。颜子当乱世④，居于陋巷⑤，一箪食⑥，一瓢饮⑦；人不堪⑧其忧，颜子不改其乐，孔子贤之。孟子曰："禹、稷、颜回同道。禹思天下有溺者⑨，由己溺之也；稷思天下有饥者，由己饥之也，是以如是其急也。禹、稷、颜子易地则皆然。今有同室之人斗者，救之，虽被发缨冠⑩而救之，可也；乡邻有斗者，被发缨冠而往救之，则惑⑪也，虽闭户⑫可也。"

【注释】

①禹、稷：古代人名，大禹和后稷。　②平世：太平之世。　③门：家门。　④乱世：混乱之世。　⑤陋巷：简陋的街巷。　⑥食：饭。　⑦饮：喝的水。　⑧不堪：不能忍受。　⑨溺者：落水的人。　⑩披发缨冠：散乱头发，不戴帽子。　⑪惑：疑惑。　⑫闭户：关起门来。

【要旨】

禹和稷生活在政治清明的时代，为了事业顾不上家庭，三次过家门而不入，孔子称赞他们。颜回生活的时代天下大乱，他住在简陋的街巷，生活艰苦，别人都觉得惨不忍睹，颜回却自得其乐，孔子也很称赞他。孟子说：“禹、稷和颜回（处世的态度虽有不同）道理却是相通的。禹以为天下的人有遭淹水的，就好像是自己使他淹了一样；稷以为天下的人有挨饿的，就好像自己使他挨饿一样，所以他们拯救百姓才这样急迫。禹、稷和颜回如果互换地位，颜回也会三过家门而不入，禹、稷也会自得其乐。假如一家人为了某种原因发生争斗，自家人绝不会坐视不管，一定风风火火来劝架；倘若是邻居发生争斗，也披头散发地慌忙去救，那就是糊涂了，纵使把门关起来都可以的。”

延伸阅读

王夫之的名言“天下兴亡，匹夫有责”，大家都可谓耳熟能详，但是，做到这一点何等之难。有些人为一己私利，终日蝇营狗苟，哪管他人衣食饱暖。不过，放在一个宏观的视角来看，无论古代的国家，还是今天的世界，都是一个有机的整体。社会成员之间都存在千丝万缕的联系，人们是需要彼此关怀的。过去是，今天更是。

这段文字的关键点在于如何理解禹、稷、颜回的“道”，其相同之处到底在哪里？如文中所述，禹和稷行为多有相似之处，社会地位，所处环境亦接近，可是他们二人之“道”和颜回之“道”何处相同呢？同室之人斗与相邻有斗者的比喻恰能给一明证。禹、稷泛爱天下，而同室之人斗需要劝解，邻人有斗者则作壁上观，其理论的一致性到底何在？回头再看颜子，粗食淡饭，孤陋寡闻，自得其乐，这种种现象如何统一呢？

这恰是儒家传统之根基所在，即所谓“安分守己”。“分定，固也”“不在其位，不谋其政”，即对于不同社会阶层不同的社会责任观念。禹和稷都是天下共主，“普天之下，莫非王土，率土之滨，莫非王臣”，天下和天下人都是其所有，所以泛爱天下。同室之人斗，“室”便是其责任之所在，家才是家人之所有，所以“邻人”便不在其权责之内。颜子孑然一身，其权限便只能是自得其乐了。不同的社会阶层所承担的权益与责任相关如此之大，怪不得有识之士疾呼“天下乃天下人之天下，非一人之天下耳”。

由此而言，孔颜乐处并非安贫乐道，穷则独善其身，达则兼济天下，颜子为“穷”，禹、稷为“达”，颜子之道便只是独善其身而已，绝无心怀天下之可能和必要，颜子的社会地位决定他没有此等资格！正是同室之人与邻人相斗之意，此种政治参与热情不在其名分之内啊！孔颜乐处所乐之道绝对不是王夫之的“匹夫之于天下”，更像是“民可使由之”，或者“知其不可奈何而安之若命”。

问题与讨论

1. 亲情和友情对我们有多大差异呢？
2. 是否解决了所有人吃饭的问题，就可以称为太平盛世了呢？

第四节　餍足之道

齐人有一妻一妾而处室者，其良人[1]出，则必餍[2]酒肉而后反。其妻问所与饮食者，则尽富贵也。其妻告其妾曰：“良人出，则必餍酒肉而后反；问其与饮食者，尽富贵也，而未尝有显者[3]来，吾将瞷[4]良人之所之也。”

蚤起[5]，施从良人之所之[6]，遍国中[7]无与立谈[8]者。卒之东郭[9]墦[10]间之祭者[11]，乞[12]其余；不足，又顾而之他。此其为餍足之道也。

其妻归，告其妾，曰：“良人者，所仰望[13]而终身[14]也。今若此[15]！”与其妾讪[16]其良人，而相泣于中庭[17]，而良人未之知也，施施[18]从外来，骄[19]其妻妾。

由君子观之，则人之所以求富贵利达[20]者，其妻妾不羞也，而不相泣者，几希[21]矣。

【注释】

①良人：丈夫。　②餍：满足于。　③显者：有名望、地位的人。

④瞯(jiàn):窥视。　⑤蚤起:蚤通“早”,早起。　⑥所之:所到的地方。　⑦国中:城中。　⑧立谈:站着说话。　⑨东郭:郭,城市的外墙。东郭,东面的外墙。　⑩墦(fán)间:墦,坟墓。墦间即坟地。　⑪祭者:祭祀的人。　⑫乞:要。　⑬仰望:敬仰倾慕的意思。　⑭终身:托付一生。　⑮若此:像这样。　⑯讪(shàn):毁谤,讥笑。　⑰中庭:院子当中。　⑱施施(yí yí):喜悦自得的样子。　⑲骄:骄纵。　⑳利达:显赫。　㉑几希:没有多少。

【要旨】

齐国有一个人,家里有一妻一妾。那丈夫每次出门,都酒足饭饱才回来。妻子问他和谁吃饭,他说都是达官贵人。妻子对妾说:“丈夫每次外出都能大吃大喝,结交的都是显贵,却从未见谁来过家里,我想偷偷地看看他到底在外面干什么!”

第二天早晨起来,妻子便尾随丈夫出去,走遍城中,没一个人和她丈夫打招呼。最后他一直走到了东郊的坟地,向祭祀的人索要剩下的祭品;这家不够再去另一家要——这就是他的好吃好喝啊!

妻子回来把一切都对妾说了,“天哪,这样的丈夫怎么托付终身啊!”两个女人在院子里咒骂着抱头痛哭,而丈夫不知道缘由,悠闲地回到家里,向他的妻妾摆威风。

在君子看来,有些人追求荣华富贵的方法是何等龌龊,就像齐国那人的做法一样,连妻妾都会感到羞耻和难堪。

延伸阅读

孔子曰:“富与贵,人之所欲也,不以其道得之,不为也;贫与贱,人之所恶也,不以其道失之,不为也。”试想,古今中外,人们对于充裕的物质生活和显赫的社会地位向来不会反感吧,但是,这需求如何实现便不尽相同了。有些人会发奋有为,造福一方;有些人不择手段,无所不用其极。但是,孟子所言之人却另辟蹊径,通过精神胜利法自我满足,敷衍妻妾,为何有如此局面？

其实，如此齐人并未真正求得富贵荣华，其内心恐怕并未真正自我认同。他的所作所为无非是出于家庭责任，即让家庭成为妻妾心灵的归宿。不能说这种行为用心卑劣，这亦可称为善意的谎言。荣华富贵有几人可得，沽名钓誉又何等之辛酸，女人心计又不乏虚荣和谄媚，这似乎是无可奈何之折中。要真实改变这种拙劣的表演，不应该谴责如此之个人，而应该改变社会的等级差异和观念歧视。

问题与讨论

1. 荣华富贵是我们最值得追求的目标吗？
2. 为什么有些人为名利追逐一生，有些人却甘于平凡的生活？
3. 人为什么会有虚荣心？

第十章　万章章句上

第一节　尧舜禅让

万章曰："尧以天下与舜，有诸[1]？"

孟子曰："否。天子不能以天下与人。"

"然则舜有天下也，孰[2]与之？"

曰："天与之。"

"天与之者，谆谆[3]然命之乎？"

曰："否。天不言，以行与事示之而已矣。"

曰："以行与事示之者，如之何？"

曰："天子能荐人于天，不能使天与之天下；诸侯能荐人于天子，不能使天子与之诸侯；大夫能荐人于诸侯，不能使诸侯与之大夫。昔者，尧荐舜于天，而天受之；暴[4]之于民，而民受之；故曰，天不言，以行与事示之而已矣。"

曰："敢问荐之于天，而天受之；暴之于民，而民受之，如何？"

曰："使之主祭[5]，而百神享[6]之，是天受之；使之主事，而事治，百姓安之，是民受之也。天与之，人与之，故曰，天子不能以天下与人。舜相尧二十有八载，非人之所能为也，天也。尧崩[7]，三年之丧毕，舜避尧之子于南河之南。天下诸侯朝觐[8]者，不之尧之子而之舜；讼狱[9]者，不之尧之子而之舜；讴歌[10]者，不讴歌尧之子而讴歌舜。故曰，天也。夫然后之中国[11]，践[12]天子位焉。而居尧之宫，逼[13]尧之子，是篡[14]也，非天与也。太誓[15]曰：'天视自我民视，天听自我民听。'此之谓也。"

【注释】

①有诸:有这件事吗? ②孰:谁。 ③谆谆:教诲不倦。 ④暴:通“曝”,晒,这里是检验的意思。 ⑤祭:祭祀。 ⑥享:接受献祭。 ⑦崩:皇帝死称为崩。 ⑧朝觐:朝见天子。 ⑨讼狱:诉讼案件。 ⑩讴歌:赞美。 ⑪中国:全国。 ⑫践:登基。 ⑬逼:逼迫。 ⑭篡:叛逆。 ⑮太誓:《尚书》中的一篇。

【要旨】

万章问:“尧把天下让给了舜,有这回事吗?”

孟子说:“不,天子不能够把天下让给别人。”

“那么舜得到了天下,是谁给的?”

“天给他的。”

“天也给舜殷切嘱托了吗?”

“没有,天不能说话,但是会用天象给予启示的。”

“天是怎么给予启示的呢?”

“天子可以向天推举人选,但不能向天发号施令;诸侯可以向天子推举人选,同样没有能力胁迫天子同意;大夫向诸侯推举人选也是一样的。古时候,尧把舜推荐给老天,天接受了要求,把舜推荐给人民,人民也接受了;所以说,天不会说话,但是可以垂象来启示人民。”

“推荐给天和人,天和人都接受了舜,具体是怎么回事?”

“舜主持祭祀的典礼,众神都认可,是天接纳了他;舜处理政事,百姓安居乐业,是人民接受了他。是天传天下于舜,不是人传天下于舜,所以说天子也不能把天下让给人。舜辅佐尧28年,这是一般人做不到的,这是天意。尧死后,三年的丧礼完毕,(舜为了要使尧的儿子能继承天下)舜躲避尧的儿子,逃到了南河的南面。可是,天下的诸侯都去朝拜舜,而不去见尧的儿子;打官司的人也来找舜,而不去找尧的儿子;老百姓也为舜唱赞歌,而不为尧的儿子唱赞歌。所以说,舜有天下是天意。这样,舜才正式继位。如果逼迫尧的儿子搬出皇宫那就是篡位了。《太誓》说：‘百姓的眼睛就是天的眼睛，百姓的耳朵就是天的耳朵。’就是这个道理。”

延伸阅读

尧、舜、禹禅让天下的故事在历代广为流传，这种天下为公的政治理念为有识之士所景仰，由这起事件所激发的大公无私的爱国热情更是传统美德中不可或缺的成分。

不过，由这几起事件也可以发现，即使在那个久远的时代，宗族继承制已经形成了基本的积淀，即使舜和禹这样的贤德之人也需要长久地辅佐君王并取得骄人的成绩才能获得起码的政治资本；而尧和舜的儿子似乎未立寸功也顺利得到了候选人的名额，禅让制的终结似乎也并不是历史的偶然性所导致的。

历史的规律似乎不能总是先进替代落后，进步取代后退，倒行逆施似乎也总能登上历史舞台。所以何时人民在历史的进程中真正取得发言权，历史的车轮方能在人类理想的轨道上飞奔。

问题与讨论

孟子为什么说禅让制比武力夺权要好？

第二节　传子传贤

万章问曰：“人有言，‘至于禹而德衰[①]，不传于贤，而传于子。’有诸？”

孟子曰：“否，不然也；天与贤，则与贤；天与子，则与子。昔者，舜荐禹于天，十有七年，舜崩，三年之丧毕，禹避舜之子于阳城，天下之民从之，若尧崩之后不从尧之子而从舜也。禹荐益[②]于天，七年，禹崩，三年之丧毕，益避禹之子于箕山之阴。朝觐讼狱者不之益而之启[③]，

曰，'吾君之子也。'讴歌者不讴歌益而讴歌启，曰，'吾君之子也。'丹朱[4]之不肖[5]，舜之子亦不肖。舜之相[6]尧、禹之相舜也，历年多，施泽于民久。启贤，能敬承继禹之道。益之相禹也，历年少，施泽于民未久。舜、禹、益相去久远，其子之贤不肖，皆天也，非人之所能为也。莫之为而为者，天也；莫之致而至者，命也。匹夫而有天下者，德必若舜禹，而又有天子荐之者，故仲尼不有天下。继世以有天下，天之所废，必若桀纣者也，故益、伊尹、周公不有天下。伊尹相汤以王于天下，汤崩，太丁[7]未立，外丙二年，仲壬四年，太甲颠覆汤之典刑，伊尹放之于桐，三年，太甲悔过，自怨自艾[8]，于桐处仁迁义[9]，三年，以听伊尹之训己也，复归于亳[10]。周公[11]之不有天下，犹益之于夏[12]、伊尹之于殷[13]也。孔子曰：'唐虞禅[14]，夏后殷周继，其义一也。'"

【注释】

①衰：衰退。　②益：古代人名。　③启：古代人名，大禹之子。　④丹朱：古代人名。　⑤不肖：品行不好，此处特指儿子不像父亲那样贤能。　⑥相：辅助。　⑦太丁：古代人名。　⑧自怨自艾(yì)：自我悔恨，改过从善。　⑨处仁迁义：奉行仁义道德。　⑩亳：古代地名。　⑪周公：古代人物。　⑫夏：夏代。　⑬殷：殷代。　⑭禅：禅让。

【要旨】

万章问道："人们都说，到了禹的时候道德就衰退了，他把天下传给了儿子而没传给贤能的人，是这样吗？"

孟子说："不是这样的；传贤和传子都是天意。古时候，舜把禹推荐给老天，历时十七年，舜死了三年后，禹为了让位于舜之子而躲避到了阳城，老百姓也跟去了，和当年跟着舜一样的。禹又把益推荐给天，七年后，禹死了，办完三年丧，益为了躲避禹的儿子跑到了箕山北面。老百姓这次大事小情都没找他，却都去找禹的儿子启，说道：'他是禹的儿子，我们为他唱赞歌。’尧和舜的儿子都不堪大任，而且，舜辅佐尧，禹辅佐舜，经过的时间长，对老百姓施予恩泽的时间也长。益辅佐禹才七年，禹就死了，老百姓的（对益的）口碑还没树立起来，而启又像禹一样励精图治。所以，无论天下传给谁，都是天意。天意就是来论证权力的合法性。一般的人要得到天下，需要像舜和禹一样具备高尚的情操，还要有人举荐，所以孔子就没有得天下。世代相传而得到天下的，天所要废弃的，一定是像夏桀商纣那样残暴无德的，所以益、伊尹、周公便不能得天下。伊尹辅助汤得了天下，汤死了，没有立太子，汤的儿子太甲违法乱纪，伊尹把他流放到了桐邑。三年后，太甲改过自新，又过三年，对伊尹惟命是从，才回到亳做天子。周公也没得天下，和益，伊尹一回事。孔子说过：‘尧舜禅让，后来都是子孙传承，道理是一样的。’”

延伸阅读

伊尹、周公都是辅佐君王施行仁政的忠臣楷模，但是，虽然他们才能卓著，却并未取代天子自立为王，是因为他们深深懂得，天下变故、朝代更迭所引发的血雨腥风必然是一场不可避免的浩劫，虽然有些君王的能力或许不能和高高在上的职位相匹配，但是如果有忠臣良将的保驾护航，也会取得天下的治理，只有像桀和纣那样残暴昏庸的君王，才有必要推翻他们的天下。老子讲的“治大国若烹小鲜”，意思是治理天下就像烹饪小鱼一样，频繁地翻动鱼就七零八碎了，所以治理国家的首要目标就是政权稳固，只有这样，人民才能安居乐业。当然，国家的政权机构选贤任能，新陈代谢是保持生机的必要条件。如果君王亦是贤君圣主，那么无疑整个政治体制的运转将会更加相得益彰，不过，那是可遇而不可求的事情啊！

问题与讨论

我们应如何理解孟子所主张的让有贤德的人来治理国家？

第三节 伊尹相汤

万章问曰："人有言，'伊尹①以割烹要汤②'，有诸③？"

孟子曰："否④，不然；伊尹耕于有莘⑤之野，而乐尧舜之道⑥焉。非其义也，非其道也，禄⑦之以天下，弗顾⑧也；系马千驷⑨，弗视也。非其义也，非其道也，一介⑩不以与人，一介不以取诸人。汤使人以币聘⑪之，嚣嚣然⑫曰：'我何以汤之聘币为哉？我岂若处畎亩⑬之中，由是以乐尧舜之道哉？'汤三使往聘之，既而幡然⑭改曰：'与我处畎亩之中，由是以乐尧舜之道，吾岂若使是君为尧舜之君哉？吾岂若使是民为尧舜之民哉？吾岂若于吾身亲见之哉？天之生此民也，使先知觉后知，使先觉觉后觉也。予⑮，天民之先觉者也；予将以斯道觉斯民也。非予觉之，而谁也？'思天下之民匹夫匹妇有不被尧舜之泽⑯者，若己推而内⑰之沟中。其自任⑱以天下之重如此，故就汤而说之以伐夏救民。吾未闻枉己⑲而正人⑳者也，况辱己以正天下者乎？圣人之行不同也，或远或近，或去或不去，归洁其身而已矣。吾闻其以尧舜之道要汤，未闻以割烹也。伊训㉑曰：'天诛造攻自牧宫㉒，朕载自亳。'"

【注释】

①伊尹：古代人物。 ②要(yāo)汤：求取于汤。汤：古代君王。 ③有诸：有这件事吗？ ④否：不，不是的。 ⑤有莘：地名。 ⑥尧舜之道：帝王治理天下的方法。 ⑦禄：古代官吏的俸给。 ⑧顾：顾惜。 ⑨驷：古代一车套四马，称为驷。 ⑩一介：介，通"芥"。指细微的东西。 ⑪聘：聘请。 ⑫嚣嚣(áo áo)然：傲慢自得的样子。 ⑬畎亩：田间。 ⑭幡然：同翻然，剧变的样子。 ⑮予：我。 ⑯泽：恩惠。 ⑰内：同"纳"，纳入。 ⑱自任：以为己任。 ⑲枉己：自己不端正。 ⑳正人：端正别人。 ㉑伊训：《尚书》中的一篇。 ㉒牧宫：

古代一个王官的名称。

【要旨】

万章问："有人说伊尹为了获得汤的任用跑到他身边做厨子，有这事吗？"

孟子说："不是的，伊尹开始在有莘那里种地，喜欢钻研尧舜治理天下的门道。如果不合道义，即使把天下都赏给他也不要；荣华富贵他一点都不看重，而且也不和别人打交道。汤重金聘他出山，他不以为然说道：'我为什么要接受汤的聘礼呢？不如还是种田，闲暇时钻研一下尧舜之道。'汤三次重金聘请，他的态度终于变了，说：'我一边种地一边钻研尧舜之道，不如真去把帝王变得贤德，把百姓变得和顺，真正亲自去实践啊！人和人总是天赋不同，有人先觉悟，有人后觉悟，我是先觉悟的人，有责任使别的人觉悟。如果人民群众都处于水深火热之中，自己于心何忍啊！'想通了后，他就帮助汤消灭了夏国。我感觉匡正自己是帮助他人的前提，不然反倒害了别人。自古以来，大有作为的人都秉持着相同的治国理念。在我看来，伊尹是货卖帝王家，不过卖的是尧舜之道，不是做饭的手艺。《伊训》说：'夏国是自己毁掉了政治前途，我无非是助了一臂之力而已。'"

延伸阅读

古代的贤人大多以天下为己任，希望将毕生的精力和一身的才能投入到治理天下的事业中来，在成就他人的同时，自我也得到成就，不过，在那个君主专制的时代，所有的政治抱负都需要一个前提，那就是君王的重用。

古语说："一言可以兴邦，一言可以丧国。"自古以来，英雄史观都为很多人认同，正所谓"成也萧何，败也萧何"。我们不能否认，个别杰出人物是推动历史进程的关键因素，不过不要忘记，"将相本无种，男儿当自强"。英雄人物又是如何炼成的，他们的背后必然都有强大的思想武器作为后盾吧！也就是孟子所说的"道"，治理天下必然就要掌握"尧舜之道"。要想"奏刀騞然"，便要有"庖丁之道"。孔子说："人能弘道，非道弘人。"

“道”是思想，是思想家为人类的奉献；“道”更是真理，不以人的好恶而变迁。那些大肆宣扬发现世间真理的人总会被他人敬而远之，因为真理从来不是现成的美味邀人品尝；真理也从未吝啬过自己的芳香，但那一定是芝兰幽谷，没有一双发现的眼睛，真理也很难为人所知。

我们不能等待真理被赐予，任何权威人物也没有如此大的能力。真理在等待我们去发现，只有那些慧眼独具并且意志坚定的人才能够博得真理的青睐！

问题与讨论

1. 人与人的天赋到底有多大差别？
2. 除了治理天下，我们还可以通过什么方式实现人生抱负？

第四节　百里奚要秦

万章问曰：“或曰，‘百里奚①自鬻②于秦养牲者③，五羊之皮，食牛④以要秦穆公⑤。’信乎⑥？”

孟子曰：“否，不然，好事者⑦为之也。百里奚，虞人⑧也。晋人以垂棘之璧⑨与屈产之乘⑩假道于虞⑪以伐虢⑫。宫之奇⑬谏⑭，百里奚不谏。知虞公之不可谏而去之秦，年已七十矣，曾不知以食牛干秦穆公之为污也，可谓智乎？不可谏而不谏，可谓不智乎？知虞公之将亡而先去之，不可谓不智也。时举于秦，知穆公之可与有行也而相之，可谓不智乎？相秦而显⑮其君于天下，可传于后世，不贤而能之乎？自鬻以成其君，乡党自好者不为，而谓贤者为之乎？”

【注释】

①百里奚：古代人物。　②鬻（yù）：卖。　③养牲者：饲养牲畜的人。　④食牛：养牛。　⑤秦穆公：古代人物。　⑥信乎：可信吗？

⑦好事者：喜欢搬弄是非的人。　⑧虞人：虞国人。　⑨垂棘之璧：古代的宝玉。　⑩屈产之乘：古代的良马。　⑪虞：虞国。　⑫虢：虢国。　⑬宫之奇：古代人物。　⑭谏：劝谏。　⑮显：显达。

【要旨】

万章问："百里奚把自己卖给秦国养牲畜的人，得价五张羊皮，替人家饲养牛，以此来求得秦穆公的赏识，有这回事吗？"

孟子说："不，不是这样的，这是好事之徒捏造的。百里奚是虞国人，晋国人用宝贝买通虞国，借道去攻打虢国。当时虞国的大臣宫之奇谏阻虞公，百里奚却没去劝阻，因为他知道虞公是不可以劝阻的，干脆跑到秦国去，那时他已经七十岁了，竟不懂得通过为人喂牛来向秦穆公求职是污浊的，可以叫明智吗？但他却是知道不可提出谏议就不谏议，这可以叫不明智吗？知道虞国将要灭亡而提前离开虞国，也不能叫不明智。当时他在秦国被提拔，就知道秦穆公有所作为，因而辅佐他，这可以叫不明智吗？辅佐秦国而使它的君主名扬天下，足以流传于后世，不贤的人能办到吗？卖掉自己来成就他的君主，乡里洁身自好的人都不干，竟说贤者肯干吗？"

延伸阅读

"忠臣不事二主，贤女不嫁二夫"，这种观念在中国文化中传播了上千年，无道昏君有人保，贤德妇人守空房。既有文天祥的名节，也有窦娥的悲凉。

每个自命不凡的人都希望一生有所作为，又有几人甘愿平庸一生呢？但是，什么样的人生才是值得追寻的，精彩的人生又该用什么样的方式来实现，都将成为人生最大的命题。

古代读书人多以天下为己任，"天下兴亡，匹夫有责"，"为天地立心，为生民立命，为往圣继绝学，为万世开太平"。天下人的喜怒哀乐都在士大夫的心中掀起层层波澜，如果生逢其时，那么丰功伟业和大好前程必然是壮志所酬。不过，若是生不逢时，那么该如何来面对命运的挑战呢？

《周易·系辞》下："穷则变，变则通，通则久"，《易传》中有"天道

变化，各正性命”，这些道理告诉人们，要因时，因地，因人而变化，为了实现人生理想，为了造福一方百姓，为了理想的人生而奋斗，这种行为正是孟子所称道的明智之举。

问题与讨论

1. 是否每个人都需要国家责任感呢？
2. 为什么刘禅如此无能，诸葛亮还要辅佐他？

第十一章　万章章句下

第一节　孔子集大成

孟子曰："伯夷[1]，目不视恶色，耳不听恶声。非其君，不事[2]；非其民，不使[3]。治则进，乱则退。横政[4]之所出，横民[5]之所止，不忍居也。思与乡人处，如以朝衣朝冠[6]坐于涂炭[7]也。当纣[8]之时，居北海之滨，以待天下之清也。故闻伯夷之风者，顽夫廉[9]，懦夫[10]有立志。

伊尹曰：'何事非君？何使非民？'治亦进，乱亦进，曰：'天之生斯民也，使先知觉后知，使先觉觉后觉。予，天民之先觉者也。予将以此道觉此民也。'思天下之民匹夫匹妇有不与被尧舜之泽者，若己推而内之沟中。其自任以天下之重也。

柳下惠[11]不羞污君，不辞小官。进不隐贤[12]，必以其道。遗佚[13]而不怨，阨穷[14]而不悯[15]。与乡人处，由由然不忍去也。'尔为尔，我为我，虽袒裼裸裎[16]于我侧，尔焉能浼[17]我哉？'故闻柳下惠之风者，鄙夫宽，薄夫敦[18]。

孔子之去齐，接淅[19]而行；去鲁，曰：'迟迟吾行也。去父母国之道也。'可以速而速，可以久而久，可以处而处，可以仕而仕，孔子也。"

孟子曰："伯夷，圣之清者也；伊尹，圣之任者也；柳下惠，圣之和者也；孔子，圣之时者也。孔子之谓集大成。集大成也者，金声[20]而玉振[21]之也。金声也者，始条理[22]也；玉振之也者，终条理也。始条理者，智之事也；终条理者，圣之事也。智，譬[23]则巧[24]也；圣，譬则力[25]也。由射于百步之外也，其至，尔力也；其中，非尔力也。"

【注释】

①伯夷，古代人物。 ②事：侍奉。 ③使：役使。 ④横政：残暴的统治。 ⑤横民：残暴的民众。 ⑥朝衣朝冠：上朝时的装束。 ⑦涂炭：涂，泥淖。炭，炭火。比喻污浊。 ⑧纣：古代帝王。 ⑨廉：廉洁。 ⑩懦夫：缺乏追求的人。 ⑪柳下惠：古代人物。 ⑫贤：贤能。 ⑬遗佚(yì)：弃置不用。 ⑭阨(è)穷：穷困潦倒。 ⑮悯：忧愁。 ⑯袒裼裸裎：脱去衣服，露出身体。 ⑰浼：玷污，污染。 ⑱敦：宽厚。 ⑲接淅：淅，淘过的米；接淅，比喻行色匆匆。 ⑳金声：钟声。 ㉑玉振：磬声。 ㉒条理：层次，系统。 ㉓譬：好像。 ㉔巧：技巧。 ㉕力：力量。

【要旨】

孟子说："古代的伯夷洁身自好，眼睛不看不好的事物，耳朵不听不好的声音。有些皇帝他也不侍奉，有些老百姓他也不使唤。世道一好他就作为一下，世道不好他就退居四野。施行暴政的国家，住有暴民的地方，他都不愿去居住。同乡下人相处，他觉得就好像穿戴着礼服礼帽坐在泥土或者炭灰之上。纣王的时候，他住到了北海边，等待天下的清平。他这做法，使不知廉耻的人能有所反省，也使胆小怕事的人能有点独立的意志。

伊尹说：'哪个君主不可以侍奉？哪个百姓不可以使唤？'因此天下太平出来做官，天下混乱也出来做官，并且说：'上天生育这些百姓，就是要先知先觉的人来开导后知后觉的人。我是这些人之中的先觉者，我将以尧舜之道来开导这些人。'他这样想：在天下的百姓中，只要有一个人没有沾润尧舜之道的好处，便好像自己把他推进山沟之中。这便是他把天下的重担自己挑起来的态度。

柳下惠随遇而安，有官当就行，有多大劲使多大劲，没人待见也无所谓，穷困也没关系，和农村人也好打交道。别人光屁股，我也不丢人，所以听到柳下惠风节的人，胸襟狭小的人也宽大起来，刻薄的人也厚道起来了。

孔子离开齐国，饭还没熟就想赶路；离开鲁国，却说：‘我们慢慢走吧，这是离开祖国的态度。’应该马上走就马上走，应该慢慢走就慢慢走，应该不做官就不做官，应该做官就做官，这就是孔子。”

孟子又说：“这些人都伟大，伯夷是圣人之中清高的人，伊尹是圣人之中负责的人，柳下惠是圣人之中随和的人，孔子则是圣人之中识时务的人。孔子，可以称他为集大成者。就像乐队一样，他能把握整体的和谐。这种高超能力既需要技巧也需要实力，就像在百步之外射箭，射到，是你的力量，射中，却不是你的力量。”

延伸阅读

人生的道路不尽相同，人生的志趣也判若天渊，但人生都有相同的命题，那就是坚守自我的信念。

每个人对社会的认识角度、认识方法都具有相当的个体性和片面性。能够认识普遍真理那自然是圣贤事业，绝非众人可以企及。但是，并非凡夫俗子的见解就不得要领，能够窥得真理之一隅的还是大有人在，故有伯夷之清、伊尹之任、柳下惠之和。为何孔子之时被孟子称为集大成者呢？伯夷、伊尹、柳下惠都已得圣人之一体，故已臻圣境，孔子圣之时，是否可称为圣人之全体呢？

孔子曾说：“时也，运也，命也”“莫非命也，顺受其正”，有其“时”，方能“顺受其正”。孔子又说：“不知命，无以为君子也”“与命与仁”，能够理解自己的宿命是成为圣人的前提。要知“命”，必要识“运”，即认识大势所趋。要识“运”，必知“时”，即消息盈虚。所以，“圣之时”确实可以称为把握时代脉搏的人。如此之人才能真正把握时代所赋予他的使命，方能与时俱进，所以，称孔子为“集大成者”可以说恰如其分。

问题与讨论

1. 什么样的朋友才真正值得交往呢？

2. 为什么说孔子是中国古代智慧集大成者？

第二节　万章问友

万章问曰："敢问友[①]。"

孟子曰："不挟长[②]，不挟贵[③]，不挟兄弟[④]而友。友也者，友其德也，不可以有挟也。孟献子[⑤]，百乘之家[⑥]也，有友五人焉：乐正裘[⑦]，牧仲[⑧]，其三人，则予忘之矣。献子之与此五人者友也，无献子之家者也。此五人者，亦有献子之家，则不与之友矣。非惟百乘之家为然也。虽小国之君亦有之。费惠公[⑨]曰，'吾于子思[⑩]，则师之矣；吾于颜般[⑪]，则友之矣；王顺[⑫]、长息[⑬]则事我者也。'非惟小国之君为然也，虽大国之君亦有之。晋平公之于亥唐[⑭]也，入云则入，坐云则坐，食云则食；虽疏食菜羹，未尝不饱，盖不敢不饱也。然终于此而已矣。弗与共天位[⑮]也，弗与治天职[⑯]也，弗与食天禄[⑰]也，士之尊贤者也，非王公之尊贤也。舜尚见帝，帝馆甥[⑱]于贰室，亦飨[⑲]舜，迭[⑳]为宾主[㉑]，是天子而友匹夫[㉒]也。用下敬上，谓之贵贵；用上敬下，谓之尊贤。贵贵尊贤，其义一也。"

【注释】

①友：交友之道。　②挟长：倚重长者。　③挟贵：倚重权贵。　④挟兄弟：倚重兄弟。　⑤孟献子：古代人物。　⑥百乘之家：非常富有的家庭。　⑦乐正裘：古代人物。　⑧牧仲：古代人物。　⑨费惠公：古代人物。　⑩子思：古代思想家。　⑪颜般：古代人物。　⑫王顺：古代人物。　⑬长息：古代人物。　⑭亥唐：古代人物。　⑮天位：天然的职分。　⑯天职：天然的责任。　⑰天禄：天生的际遇。　⑱甥：指舜。　⑲飨：酬飨。　⑳迭：轮流。　㉑宾主：客人和主人。　㉒匹夫：一般百姓。指男子而言。

【要旨】

万章问："应该交些什么样的朋友呢？"

孟子答道："不倚仗自己年纪大，不倚仗自己地位高，不倚仗自己兄弟的富贵。交朋友要交人品，心中不能存有任何有所倚仗的想法。孟献子是位家拥一百辆车马的大夫，他有五位朋友，乐正裘、牧仲，其余名字忘了。孟献子同他们五人相交，心中并不想着自己是个大夫，而那五位，如果也想着孟献子是个大夫，也就不会同他交友了。不仅拥有一百辆车马的大夫是这样，纵使小国的君主也有朋友。费惠公说，'我对于子思，则以为老师；对于颜般，则以为朋友；至于王顺和长息，那不过是替我工作的人罢了。'不仅小国的君主如此，纵使大国之君也有朋友。晋平公对于亥唐，亥唐叫他进去便进去，叫他坐便坐，叫他吃饭便吃饭。即使是粗茶淡饭，也不会不饱，因为不敢不饱。然而晋平公也只做到这一点罢了。不同他一起共有官位，不同他一起治理政事，不同他一起享受俸禄，这只是一般士人尊敬贤者的态度，不是王公尊敬贤者所应有的态度。舜谒见尧，尧请他这位女婿住在另一处官邸中，也请他吃饭，互为主客，这是以天子的高位同老百姓交友的范例。以职位卑下的人尊敬高贵的人，叫尊重贵人；以高贵的人尊敬职位卑下的人，叫尊敬贤者。尊重贵人和尊敬贤者，道理是一样的。"

延伸阅读

"在家靠父母，出门靠朋友"，平常百姓都懂得这个道理，如今，"父母在，不远游"的时代早已一去不返，好男儿志在四方，结交良师益友是能够在社会生存的重要因素。

交友之道每个人大概都自有主张，酒肉朋友没准也有，从中也可以拉朋友一把，但是，结交真正的人生挚友却是非常难得的事情。

孔子说"益者三友，损者三友"，有些朋友还是要谨慎交往的。孟子教导大家交朋友要摒弃贫贱富贵、社会角色等方面的差异，结交那些使自己有所获益或为己所用的人。这种带有功利色彩的交往方式虽然打破

了那个时候不同社会阶层之间的鸿沟，但在当代看来，还缺乏对朋友基本的人格尊重。今天，人们在社会生活中交往，已不必考虑那么多礼俗的规约，我们可以敞开胸襟，接纳和自己志同道合的朋友。不同的民族、不同的信仰，只要有共同的志趣，大家都可以是朋友。至于人生诤友，那就靠缘分了。

问题与讨论

1. 什么样的朋友才可能保持长久友谊呢？
2. 君王礼贤下士，只是希望臣子忠心效劳吗？
3. 在血缘之外，还有超越利益的真正朋友吗？

第三节　交友之道

万章问曰："敢问交际①何心②也？"

孟子曰："恭③也。"

曰："却之④却之为不恭，何哉？"

曰："尊者赐⑤之，曰，其所取之者义乎，不义乎？而后受之，以是为不恭，故弗却也。"

曰："请无以辞⑥却之，以心却之，曰，其取诸民之不义也，而以他辞无受，不可乎？"

曰："其交也以道，其接⑦也以礼，斯孔子受之矣。"

万章曰："今有御⑧人于国门⑨之外者，其交也以道，其馈⑩也以礼，斯可受御与？"

曰："不可；康诰⑪曰：'杀越⑫人于货⑬，闵⑭不畏死，凡民罔⑮不憝⑯。'是不待教而诛者也。殷受夏，周受殷，所不辞也；于今为烈⑰，如之何其受之？"

曰："今之诸侯取之于民也，犹御也。苟[18]善其礼际[19]矣，斯君子受之，敢问何说也？"

曰："子以为有王者作，将比今之诸侯而诛之乎？其教之不改而后诛之乎？夫谓非其有而取之者盗也，充类至义[20]之尽也。孔子之仕于鲁也，鲁人猎较[21]，孔子亦猎较。猎较犹可，而况受其赐乎？"

曰："然则孔子之仕也，非事道与？"

曰："事道也。"

"事道奚猎较也？"

曰："孔子先簿正祭器[22]，不以四方之食供簿正。"

曰："奚[23]不去也？"

曰："为之兆也。兆足以行矣，而不行，而后去，是以未尝有所终三年淹[24]也。孔子有见行可[25]之仕，有际可[26]之仕，有公养[27]之仕。于季桓子，见行可之仕也；于卫灵公，际可之仕也；于卫孝公，公养之仕也。"

【注释】

①交际：际，接也。泛指应酬。　②心：心思。　③恭：恭敬。　④却之：拒绝。　⑤赐：赐给。　⑥辞：言词。　⑦接：交接。　⑧御：抵挡。　⑨国门：城门。　⑩馈：赠送。　⑪康诰：《尚书》中的一篇。　⑫越：抢劫。　⑬货：财务。　⑭闵：同"暋"，强悍。　⑮罔：没有。　⑯憝：怨也。　⑰烈：严重。　⑱苟：如果。　⑲礼际：礼仪交往。　⑳充类至义：推衍其中的道理到极致。　㉑猎较：争先夺取猎物供祭祀。　㉒簿正祭器：根据书簿端正祭器。　㉓奚：为何。　㉔淹：久留。　㉕行可：出于行为的要求。　㉖际可：出于际遇的要求。　㉗公养：奉养财物。

【要旨】

万章问："与别人交往的时候，要保持什么样的心态呢？"

孟子说："要尊重他人。"

万章问："（俗话说）'一再拒绝别人的礼物，这是不恭敬的。'为什么呢？"

孟子说："接受有地位的人的馈赠，还计较合不合道义，怕有失礼节，所以不敢拒绝。"

万章说："拒绝他的礼物，不明白说出，只是心里不接受，心想这是他取自百姓的不义之财，因而用别的借口来拒绝，难道不可以吗？"

孟子说："他依规矩同我交往，依礼节同我接触，这样，孔子都会接受礼物的。"

万章说："有人在城外打劫，把财物赠予他人，交往也符合礼节规范，这种赃物也可以要吗？"

孟子说："不可以；《康诰》讲道：'铤而走险，杀人越货，老百姓非常憎恨。'这是不必先去教育他就可以诛杀的。夏、商、周三代都沿用了这样的制度，没有更改。现在抢杀行为更加严重，所以不能接受。"

万章说："今天的诸侯巧取豪夺，和抢劫没什么不同。假如他们把交际的礼节搞好，君子也就接受了他们的馈赠，这又怎么说呢？"

孟子说："如果哪天天下一统，帝王会处死那些横征暴敛的诸侯吗？还是先教育，死不悔改的再处死？而且人奢望得到本来不属于自己的，把这种行为说成是抢劫，这只是提高到原则性高度的话。孔子在鲁国做官的时候，鲁人争夺猎物献祭，孔子也争夺猎物献祭。争夺猎物都可以，何况接受赐予呢？"

万章说："难道孔子做官不是为了行道吗？"

孟子说："是为了行道。"

万章说："既然是为了行道，为什么还要争夺猎物呢？"

孟子说："孔子先遵照文献摆设祭祀所用器物和祭品的，而非随意献祭的。"

万章说："孔子为什么不辞官而走呢？"

孟子说："总要有理由吧，这样才好交代，所以没有三年之久的了解是不会轻易离开的。孔子有因行道而做官，也有因为君主对他的礼遇不错而做官，也有因国君养贤而做官。对于鲁国的季桓子，是因为可以行道而做官；对于卫灵公，是因为礼遇不错而做官；对于卫孝公，是因为国君养贤而做官。"

延伸阅读

"程序正义"与"价值正义"是当今伦理学界争论的热门话题，这种冲突在孟子的时代已经鲜明地被提出来，就是上文的对话所反映的焦点。

孔子接受君王的馈赠都会遵守那个时代礼教所能够认同的价值理念，并没有背离社会道德，在程序上是正义的。但是，君王所馈赠之物都是搜刮百姓的民脂民膏，可以说这种财富本身是通过不正当的方式获得的。虽然，孔子并未亲身参与这样的行为，但是，事实确实如此，何况孔子也一清二楚。孔子认为，以正当的程序接受他人不正当方式所得到的财富，是可以采纳的行为，因为，这样的行为同自己亲自去干杀人越货这种赤裸裸抢劫的行为有本质的不同。诸侯的横征暴敛是时代的现实，一己之力无法改变这种现实。在这种情况下，唯一可以做的事情，就是"克己复礼""己所不欲，勿施于人"，首先做好自己的行为约束和履行自己的人生准则。只有更多的人懂得自我约束、自我反省和自我尊重的道理，只有天下人都奉行仁义，才可以改变现状。

问题与讨论

1. 你们希望自己在社会中扮演什么样的角色呢？
2. 在孟子生活的那个年代，社会的哪些阶层属于不劳而获？

第四节　市井之臣与草莽之臣

万章曰："敢问不见诸侯，何义也？"

孟子曰："在国曰市井之臣[①]，在野曰草莽之臣[②]，皆谓庶人[③]。庶人不传质[④]为臣，不敢见于诸侯，礼也。"

万章曰："庶人，召之役[⑤]，则往役；君欲见之，召之，则不往见之，何也？"

曰："往役，义也；往见，不义也。且君之欲见之也，何为也哉？"

曰："为其多闻也，为其贤也。"

曰："为其多闻也，则天子不召师，而况诸侯乎？为其贤也，则吾未闻欲见贤而召之也。缪公亟见于子思，曰：'古千乘之国[⑥]以友士，何如？'子思不悦，曰：'古之人有言曰，事之云乎[⑦]，岂曰友之云乎[⑧]？'子思之不悦也，岂不曰，'以位，则子，君也，我，臣也；何敢与君友也？以德，则子事我者也，奚可以与我友？'千乘之君求与之友而不可得也，而况可召与？齐景公田[⑨]，招虞人[⑩]以旌[⑪]，不至，将杀之。志士不忘在沟壑[⑫]，勇士不忘丧其元[⑬]。孔子奚取焉？取非其招不往也。"

曰："敢问招虞人何以？"

曰："以皮冠[⑭]。庶人以旃[⑮]，士以旂[⑯]，大夫以旌。以大夫之招招虞人，虞人死不敢往；以士[⑰]之招招庶人，庶人岂敢往哉？况乎以不贤人之招招贤人乎？欲见贤人而不以其道，犹欲其人而闭之门也。夫义，路也；礼，门也。惟君子能由是路，出入是门也。诗云：'周道如底[⑱]，其直如矢；君子所履[⑲]，小人所视。'"

万章曰："孔子，君命召，不俟驾[⑳]而行；然则孔子非与？"

曰："孔子当仕[㉑]有官职，而以其官召之也。"

【注释】

①市井之臣：市井，做买卖的地方，代指城市。市井之臣指市民。②草莽之臣：草莽，泛指民间。草莽之臣指乡民。 ③庶人：贫民。④质：作为保证的人或物。 ⑤役：戍守边疆。 ⑥千乘之国：古代一车四马为一乘。诸侯大国地方百里，出车千乘，称千乘之国。 ⑦事之云乎：云，称为。可以称为服侍。 ⑧友之云乎：可以称为交往。 ⑨田：打猎。 ⑩虞人：掌管山林之官。 ⑪旌（jīng）：旗的一种。 ⑫沟壑：溪谷，引申为野死之处或困厄之境。 ⑬元：人头。 ⑭皮冠：一种皮帽。 ⑮旃：旗的一种。 ⑯旂（qí）：旗的一种。 ⑰士：指当时的低等贵族。 ⑱底：通“砥”，磨刀石。 ⑲履：实行、执行。 ⑳俟驾：等待驾车。俟，等待。驾，车驾。 ㉑仕：指做官。

【要旨】

万章问孟子：“你不去拜见诸侯，是什么道理？”

孟子答道：“不曾有过职位的人，如果居住在城市，就称为市井之臣；如果居住在田野，便称为草莽之臣，这都叫作老百姓。按照礼节的要求，普通百姓不向诸侯馈赠礼品是不能朝见的。”

万章问道：“民众在服劳役之时没有逃避的自由；君王若想同他会晤，召唤他，这些百姓却不去谒见，这是为什么？”

孟子答道：“去服役，是合乎道义的；去谒见君王，是不合道义的。况且君王为什么要去见一个百姓呢？”

万章说：“因为他见多识广，因为他品德高洁。”

孟子说：“如果因为有见识，那么，天子都不可以把老师召到身边，何况诸侯？如果因为他品德高洁，我没听说为见贤者而随便下召命的！鲁缪公非常想见子思，说道：‘古代君王都求贤若渴，是吗？’子思不高兴，答道：‘有句古话，是说君王以士人为师吧，怎么可以说君王与士人交友呢？’我看子思更想说：‘用地位衡量，你是君王，我是臣子，怎么可以朋友相

论？从德行上讲，君王是向我学习，是师生也不是朋友啊！’大国君王希望谋求与贤人为友都做不到，更何况下召命啊！齐景公打猎的时候，用旌旗招令掌管山林的官员，官员没到，景公要处死他。身处窘境而志气犹存的人才可以称为志士，视死如归的人才能称为勇士。孔子对于不合乎礼节的作为，和林官一样是不能让步和妥协的。”

万章问：“那么要用什么样的方式召唤林官？”

孟子说：“要用皮帽。召唤农夫用旃旗，召唤士人用旂旗，召唤大夫用旌旗，用召唤大夫的旗帜召唤林官，他肯定死都不敢来；用召唤士人的旗帜召唤农夫，农夫也不敢来啊！更何况用召唤无德之人的方式去召唤有德之人呢？用不合适的方式求见贤人，就像想请人家进屋却把大门关起来一样。道义就是进门的路，礼节就是这扇门，只有君子能从这一条大路行走，由这家大门进出。《诗经》里有：“大路像磨刀石一样平，像箭一样直。这是君子所行走的，小人所效法的。”

万章说：“孔子，听说有国君之命的召唤，不等车马驾好自己便先行走去。孔子这种做法可取吗？”

孟子说：“那是因为孔子正在做官，有职务在身，君王召见他是公务的缘故。”

延伸阅读

在中国古代，各个社会阶层之间都有明确的等级划分，不同的阶层都有各自的行为规范，对这些规范的僭越会被视为不可饶恕的过错。

履行这些社会规范，称为合乎“礼义”的行为，背离规范则是“非礼”“不义”的行为。

这也就是那个时代的鲜明特色，中国被称为“礼仪之邦”，也正是由此而来的。并非这种规范不近人情，这也是维护当时社会秩序的一种有效手段。

但是，对于有文化的知识阶层，虽然许多人社会地位不高，他们却有着治理国家的雄才伟略，当时的诸侯极力拉拢这些人为自己效劳，不过，

文人士大夫的风骨是他们的品格，如果没有得到足够的人格尊重，高官厚禄是收买不了他们的。

问题与讨论

1. 古代的哪些礼节对于当代人还有价值？
2. 恪守繁冗的礼节，是否会影响办事的效率？
3. 君王和官员之间是雇佣关系吗？

第十二章　告子章句上

第一节　人性之善也，犹水之就下也

告子曰："性犹湍水[1]也，决[2]诸[3]东方则东流，决诸西方则西流。人性之无分于善不善也，犹水之无分于东西也。"

孟子曰："水信[4]无分于东西，无分于上下乎？人性之善也，犹水之就[5]下也。人无有不善，水无有不下。今夫水，搏而跃之，可使过颡；激而行之，可使在山[6]。是其[7]水之性哉？其势则然也。人之可使为不善，其性亦犹是也。"

【注释】

①湍水：急流的水。　②决：决开，开凿。　③诸："之于"二字的合音。　④信：的确。　⑤就：趋，向。　⑥搏而跃之，可使过颡（sǎng）；激而行之，可使在山：这一句是互文见义，意即搏激水时可以使它跳过额头，也可以使它逆流上山。　⑦是其：这难道。

【要旨】

告子说："人性就像急流的水，在东方决口便向东流，在西方决口便向西流。人性没有善与不善之分，正如同水一样不分东西，可东可西。"

孟子说："水的确是没有东西之分，可也无上下之分吗？人性的善，就如同水（终归）向下流一样。人没有不善良的，水没有不向下流的。当然，拍打水可以使它跳起来高过额头，也可以使它逆流上山。可这难道是水的本性吗？是形势使它这样的。人也可以使他做坏事，这种情形也正是这样。"

延伸阅读

“人之初，性本善”，这句话是大家所共知的，它的来源在哪里？就是《孟子》。根据现有文献，孟子是最早把“人性”问题独立出来并进行系统阐述的。他的主张很明确，即“人性善”。与此同时及稍后，另外两种不同的学说也相继流行于世，即他的学生告子的“性无善恶说”，以及荀子的“性恶说”。从此这一关于人性究竟是善的还是恶的论争持续了两千年之久，一直到明朝中晚期的王阳明那里才算是和了局。他引入庄子和禅宗，发扬心学，说了很有名的“四句教”，其中两句是“无善无恶心之体，有善有恶性之用”。虽然王阳明做了结论，但并不妨碍我们继续思考，学无止境，我们依然需要对这些学说进行考量。

关于人性善的学说起源很早，可以上溯到《诗经》里一句话，“天生烝民，有物有则；民之秉彝，好是懿德”。孟子把这句话推崇得很高。孟子认为，人性的善是先天的（天生就的），人为的恶只是后天的熏染，是形势所迫。他的论证在今天看来只是毫不相关的两个事物的强行比附，把水比作人性，从水的向下流推出人性是善的，这在逻辑上是站不住脚的。但是作为先民所固有的一种思维方式，我们万不可轻易否决。逻辑只是诸多认识事物的方式中的一种，也没有必要确证水与人性之间的关系，我们只需要认识到：孟子从大自然的现象中领悟到了人自身“应该”具有的道理与法则。这是“天人合一”式的思维，通过这样的思考，他得出了人性是善的结论。

“人性善”这一观点经过启蒙读物与士大夫集团的宣扬，对中国的政治、文化、社会产生了极大的影响。当代的一些学者认为，以“人性善”为出发点的社会是推崇德治的，因为它相信人性的善良，认为“人皆可以为尧舜”，因此这样的社会将永远是君子和小人相对立的社会。而以“人性恶”为出发点的社会却不然，它不相信“人性善”，因此要制定种种的契约，崇尚法治。学者们甚至把这些看作东西方社会分途的重要原因之一。这一点在正追求法治的中国极具现实意义。

孟子说，人之为恶是形势所迫，并非本性使然。这当然有值得肯定之处，但如果仅仅把“为恶”的责任推诿给形势也是值得商榷的，这会成为那些为恶之人的借口。

需要指出的是，孟子在这里并没有把“性善”与“为善”、“性恶”与“为恶”表述清楚。“性善”的人也会做坏事，“性恶”的人也会做好事，一个是主观动机，一个是客观效果。不过在下面的章节中孟子就把这个问题解决了。

问题与讨论

1. 你觉得人性是善的还是恶的？告子的说法有道理吗？
2. 思想家们对人性的看法你同意吗？
3. 在不同的种族和不同的个体之间，人性有相同的吗？

第二节　若夫为不善，非才之罪也

公都子曰：“告子曰：‘性无善无不善也。’或曰：‘性可以为善，可以为不善；是故文武[①]兴，则民好善；幽厉[②]兴，则民好暴。’或曰：‘有性善，有性不善，是故以尧为君而有象[③]；以瞽瞍[④]为父而有舜；以纣为兄之子，且以为君，而有微子启、王子比干。’今曰‘性善’，然则彼皆非与？”

孟子曰：“乃若其情[⑤]，则可以为善矣，乃所谓善也。若夫为不善，非才[⑥]之罪也。恻隐之心，人皆有之；羞恶之心，人皆有之；恭敬之心，人皆有之；是非之心，人皆有之。恻隐之心，仁也；羞恶之心，义也；恭敬之心，礼也；是非之心，智也。仁义礼智，非由外铄[⑦]我也，我固有之也，弗思耳矣。故曰，‘求则得之，舍则失之。’或相倍蓰[⑧]而无算者，不能尽其才者也。《诗》曰：‘天生蒸[⑨]民，有物有则。民之秉彝[⑩]，好是懿

德[11]。'孔子曰：'为此诗者，其知道乎！故有物必有则；民之秉彝也，好是懿德。'"

【注释】

①文武：周文王、周武王，后代人把他们看作贤明君主。　②幽厉：周幽王、周厉王，是周朝的两位昏庸君主。　③象：人名，舜的异母弟，性格傲狠，是尧的臣民。　④瞽瞍(gǔ sǒu)：舜的父亲，常常陷害舜。瞽、瞍二字都是目盲的意思。　⑤乃若其情：乃若，至于。情，实。　⑥才：质，本来的质性。　⑦铄(shuò)：渗入，外在强加的意思。　⑧倍蓰(xǐ)：数倍。倍是一倍，蓰是五倍。　⑨蒸：众。　⑩秉彝(yí)：持执常道。秉，执，把握。彝，常，规律。　⑪懿(yì)德：美好的德性。

【要旨】

公都子说："告子说：'本性没有什么善不善。'有的人说：'性可以使他善，也可以使他不善；所以（周）文王、武王在位，百姓便好善；（周）幽王、厉王在位，百姓就好凶暴。'也有人说：'有些人性善，有些人性不善；所以尧做君主时都有像这样不好的臣民；以瞽叟这样坏的父亲都有舜这样好的儿子；以纣这样恶的侄儿，而且做君王，却有微子启、王子比干这样的仁人。'如今老师说'性善'，那么，他们都错了吗？"

孟子说："从天生的资质看，可以使其为善，这才是我们说的'性善'。至于有些不善的，不能怪他的资质。同情心，每个人都有；羞耻心，每个人都有；恭敬心，每个人都有；是非心，每个人都有。有同情心是仁，有羞耻心是义，有恭敬心是礼；有是非心是智。仁、义、礼、智不是外在能加于我的，是我本来天生的，只是人没去探求它们罢了。所以说，一旦探求，便可得到；一旦放弃，便会失去。人与人相差一倍、五倍甚至无数倍者，正是因为不能充分发挥其本性善的缘故。《诗经》说：'上天生育万民，每一事物都有它的规则。人掌握了这样的规则，于是就喜爱美好的品德（即性善）'。孔子说：'写这首诗的人，大概已经懂得大道了！万事万物都有规

则，人掌握了这个规则，所以才喜好这种美好的品德。'”

延伸阅读

正像同时代的亚里士多德一样，孟子也经常同自己的弟子反反复复地讨论问题，这种氛围只在自由开放的时代才能存在。《告子》篇的前几节几乎都是与弟子们讨论性善与性恶的问题，而这一节是承前面与告子的讨论而发。既然，本性是善的，为什么还会有“为不善”的人呢。公都子举了许多例子来问孟子，他说尧舜这样的圣明君主都有不好的亲人或臣子，而比干、微子启这样的仁者都有商纣那样的昏君，既然同是“性善”，为什么会呈现这么大的差距呢？

这个问题，正是孟子与告子辩论时所遗留的，即“性善”与“为善”是不同层次的问题，孟子在上次没有说清楚，因此给公都子以可乘之机，于是，孟子在这里给出了解释。他说，人的本质是善的，只是由于形势所迫才为“不善”；但这不能怪人的本质，它们是两码事，性善是天生的本质，但这并不妨碍有的人“为不善”。为了进一步论证，孟子重新把他的四端学说提出来。他说，人皆有恻隐之心、羞耻之心、恭敬之心、是非之心，这是仁、义、礼、智的外在表现，这说明仁、义、礼、智是人天生的，是人所固有的，而非外在强迫的。而仁、义、礼、智这些德性正是性善的具体内容。人若积极地争取这种德性，就可以拥有它；人若自暴自弃，便会失去它。人与人的差别取决于自己的努力程度，仅有这些尚不足以服人，于是他又上升到了“天道”的层次来论证“性善”的先天性。他引用《诗经》的一句话，“天生烝民，有物有则。民之秉彝，好是懿德”。什么意思呢，有两层含义。第一层，上天生成化育了万事万物，当然也包括人。这个天不是自然的天，而是形而上意义的天，是道。在它生育万物的时候，本身即按照各自的规则，“鸢飞在天，鱼跃于渊”，各适其性；眼耳鼻舌、心肝脾肺，各得其用。而人呢，除了身体发肤之外，还有一个规则，就是好善恶恶的德性，这是“人之异于禽兽也”的本质所在。

第二层，若能明白“天生烝民，有物有则”的道理，明白了人拥有不

同于其他禽兽的本质（即永久不变的德性），人就会不断地充分实现它，这是人之为人的核心。西方人也说，人是宇宙的精华。精华体现在哪里？就体现在这种德性上，体现在性善上。下面的章节中，孟子将一再论及人之为人的道理，比如，做“大人”还是做“小人”，等等。

最后，孟子又引孔子的话来增加论证的可信度，说写这句诗的人已经明白天道了。事实上，后世的理学家在修道时也正是力求复归这种天性（德性）。唐朝学者李翱写有《复性说》，开数百年宋明理学的先河。

问题与讨论

1. 虽然是“非才之罪也”，但是对某些人好心办坏事造成的极大过错，我们应如何看待？

2. 人性最根本的需要到底是什么？

3. 为什么人性根本是善的，还要不断加以校正？

第三节　舍生而取义

孟子曰：“鱼我所欲也，熊掌亦我所欲也；二者不可得兼[①]，舍鱼而取熊掌者也。生亦我所欲也，义亦我所欲也；二者不可得兼，舍生而取义者也。生亦我所欲，所欲有甚[②]于生者，故不为苟得[③]也；死亦我所恶[④]，所恶有甚于死者，故患有所不辟[⑤]也。如使[⑥]人之所欲莫甚于生，则凡可以得生者，何不用也？使人之所恶莫甚于死者，则凡可以辟患者，何不为也？由是则生而有不用也，由是则可以辟患而有不为也，是故所欲有甚于生者，所恶有甚于死者。非独贤者有是心也，人皆有之，贤者能勿丧耳。一箪[⑦]食，一豆[⑧]羹，得之则生，弗得则死，嘑[⑨]尔而与之，行道之人弗受；蹴[⑩]尔而与之，乞人不屑也。万钟[⑪]则不辩礼义而受之。万钟于我何加[⑫]焉？为宫室之美、妻妾之奉、所识穷乏者得我

与[13]？乡[14]为身死而不受，今为宫室之美为之；乡为身死而不受，今为妻妾之奉为之；乡为身死而不受，今为所识穷乏者得我而为之，是亦不可以已[15]乎？此之谓失其本心。”

【注释】

①得兼：兼得。 ②甚：超过。 ③苟得：苟且得到。 ④恶（wù）：厌恶。 ⑤辟：通“避”，躲避。 ⑥使：假如。 ⑦箪（dān）：盛饭食的圆形带盖竹器。 ⑧豆：古代盛羹汤的容器。 ⑨嘑：同“呼”。 ⑩蹴（cù）：践踏，踩。 ⑪钟：古代的容量单位。 ⑫加：增益。 ⑬与：同“欤”，语气词。 ⑭乡：通“向”，过去。 ⑮已：停止。

【要旨】

孟子说：“鱼是我想要的，熊掌也是我想要的；如果二者不能兼得，（我）便舍弃鱼，而要熊掌。生命是我想要的，义也是我想要的；如果二者不能兼得，（我）便放弃生命，而选择义。生命虽是我想要的，但有比生命更值得我要的，所以我不做苟且偷生之事；死亡本是我所厌恶的，但是还有比死亡更值得我厌恶的，所以有的危难我不躲避。如果一个人最想要的是生命，那么一切可以求生的手段，哪有不用的呢？如果一个人最厌恶的是死亡，那么一切能够躲避危难的事情，哪有不干的呢？（然而，还有些人）由此而行，便可以得到生存，却不去做；由此而行，可以避免危难，却不去干。由此可知有比生命更值得要的东西，也有比死亡更令人厌恶的东西。这种心不仅贤人有，人人都有，不过贤人能不丧失它罢了。一筐饭，一碗汤，得到了便活下去，得不到便死亡，呼喝着施舍给人，就是过路的都不会接受；用脚踩过再给人，就是乞丐也不屑于要。（然而竟有人对于）万钟的俸禄却不问合不合礼义就欣然接受了。万钟的俸禄对我又有什么益处呢？为了住宅的华丽、妻妾的侍奉和我所认识的贫苦人感激我吗？过去宁肯舍去性命也不接受的，今天却为着住宅的华丽而接受了；过去宁肯舍去性命也不接受的，今天却为着妻妾的侍奉而接受了；过去宁肯舍去性命

也不接受的，今天却为着我所认识的贫苦人的感激而接受了，这些不是可以罢手的么？这便叫作丧失了他的本性！”

延伸阅读

《孟子》一书中最为人们熟知的大概就是“鱼和熊掌不可兼得”了，这只是引用，与原文尚有一定的区别。然而一旦把它成语化了之后，他本来所要表述的意义却往往被人们忽略了。孟子借用这个比喻的目的是为了表达他最鲜明的主张之一：舍生取义！

孟子为什么要“取义”，甚至不惜抛弃自己的血肉之躯呢？“义”究竟是何物？我们不必执着于概念、定义，下面用一两个例子来说明。

第一例：饿死事小，失节事大。这句话的源头即可追溯到孟子这里。这是宋明理学家们的名言之一，曾一度被人批评为“以理杀人”，并被视为对人的精神桎梏。但如果不细细研究的话，也只能算是“横看成岭侧成峰”，难以窥其全貌。在这里，孟子的“取义”被视作士大夫（读书人）的气节，即“富贵不能淫，贫贱不能移，威武不能屈”的浩然正气，只可惜这种正气往往被用到对一个没落王朝的效忠上。古人大多把国君等同于朝廷，把朝廷等同于天下国家，因此他们临死表现出来的“气节”往往也让人觉得狭隘，但不能因此就否定了真正的“气节”。在读书人日益丧失独立精神、批判精神的今天，这种浩然正气尤为难得！

第二例：大家应该知道匈牙利诗人裴多菲有一首著名的诗：“生命诚可贵，爱情价更高。若为自由故，二者皆可抛！”用孟子的话对照一下，“生亦我所欲，所欲有甚于生者，故不为苟得也；死亦我所恶，所恶有甚于死者，故患有所不辟也”，我们会吃惊地发现，二人所说的大旨竟然若合符节，千古辉映！肉体生命当然是珍贵的，但有比它更珍贵的：爱情与自由！爱情是我们都可以理解的，古往今来有多少凄美哀婉的爱情故事，令人一唱三叹不能自已，所以我们绝不会轻易讥讽梁山伯祝英台是傻子、罗密欧朱丽叶是疯子。但自由呢？可贵在何处？贵在“天赋人权”！有人说“人生而自由平等”，争取自由是人可以被约束而不可以被束缚的权利，尤其是

不被政治强权剥夺人格尊严的权利。

通过上面的例子，我们也许对“舍生取义”有一个大致的体会了。当然，我们不必把“舍生取义”与争取自由强行比附。但有一点可以肯定，孟子在那个时代以“千万人吾往矣”的浩然正气为后世士大夫举起这样一面鲜明的精神旗帜，历千余年而不替，这本身是不悖于自由精义的！不过，需要强调的是，孟子与裴多菲宁愿抛弃的“生命”只是肉体的生命，我们不如把精神生命也容纳进来，爱情、自由，都是生命不可或缺的组成部分。追求爱情与自由都是为了生命的完美，善待自己已有的生命，充实自己尚待放光的生命，生命至上！

让孟子的那句话永远在良知深处徘徊吧：不可失我本心！不可失我本心！

问题与讨论

1. 在生活中遇到原则与利益的冲突时，我们应该如何取舍？
2. 如果生存都不能保障，那还有必要坚守你所认可的道义吗？
3. 你所坚守的道义有没有经过深思熟虑？

第四节　从其大体为大人

公都子问曰：“钧[①]是人也，或[②]为大人，或为小人，何也？”

孟子曰：“从[③]其大体为大人，从其小体为小人。”

曰：“钧是人也，或从其大体，或从其小体，何也？”

曰：“耳目之官[④]不思，而蔽于物。物交[⑤]物，则引[⑥]之而已矣。心之官则思，思则得之，不思则不得也。此天之所与[⑦]我者。先立乎其大者，则其小者不能夺也。此为大人而已矣。”

【注释】

①钧：同“均”，同样。 ②或：有的人。 ③从：顺从，选择。 ④官：功能。 ⑤交：接触。 ⑥引：牵引，迷惑。 ⑦与（yù）：给予，赐予。

【要旨】

公都子问：“同样是人，有些是君子，有些是小人，什么缘故？”

孟子答道：“求满足身体重要器官的需要的是君子，求满足身体次要器官的欲望的是小人。”

公都子又问：“同样是人，为什么有的人要求满足重要器官的需要，有的人却要求满足次要器官的欲望呢？”

孟子答道：“耳朵眼睛不能思考，因此才被外物蒙蔽。（为什么？耳目只是一物，）一旦与外物接触，便被外物牵引迷惑了。心却能思考，一思考便能得其大者（即本心、圆满的德性），不思考则不得。这是上天赐给我们的。因此这是重要器官，要先把它树立起来，那么次要的器官便不能改变他的操守。这样便是君子了！”

延伸阅读

“从其大体”也就是上文所说的“取义”，当然，“取义”不一定非要“舍生”不可，“舍生”只是万不得已时的最后一条路。“从”就是顺从，顺从什么，需要选择。有的人选择圆满自己的德性，有的人选择放纵自己的恶念，有的人选择重如泰山地坚守，有的人选择轻于鸿毛地苟活。前者即“从其大体”的人，是大写的人；后者即“从其小体”的人，是小写的人！

有人说，这是一个自我选择的问题，但同样是人，为什么会有这样截然相反的选择呢？公都子提出了一个至今让人百思而难得其解的问题。

孟子以为，耳朵和眼睛只能被外在的事物迷惑，比如人往往会以貌取人，为什么呢？因为它们没有思考的能力，我们的心却不然，它可以反思，可以“每日三省吾身”，它可以知道什么是善什么是恶而不被事物的外表所

迷惑。心的这种自省能力是上天赋予的。善于反思的人一定会不断检视自己的不足，来充实自己的德性，树立自己的人格，而不被外界牵引迷惑。不善反思的人只好任凭耳朵和眼睛去追逐声色了，这种人大概就是上一节所提到的“失其本心”的人了。

孟子还强调一点说：“先立乎其大者，则其小者不能夺也。”什么意思呢？也是为了破除人们的偏执。人们往往把大者小者截然对立起来，大者是充实德性，小者是世俗的事务，其实二者并不矛盾。“立其大者”不是简单地“两耳不闻窗外事，一心只读圣贤书”就完了，还要能立乎其小者，要“家事国事天下事事事关心”。只是在入世之前要“先立乎其大者”，先要有独立自主的人格，这样才能不被世俗所污染，不被外物所迷惑，不为强权所逼迫。大者既立，就可以“不以物喜，不以己悲”了，小者如何能夺！

问题与讨论

1. 我们是做“君子”还是做“小人”？
2. 道德活动在我们的生活中应该占多大分量？

第十三章　告子章句下

第一节　人皆可以为尧舜

曹交问曰："人皆可以为尧舜，有诸？"

孟子曰："然。"

"交闻文王十尺，汤九尺，今交九尺四寸以长[①]，食粟而已，如何则可？"

曰："奚[②]有于是？亦为之而已矣。有人于此，力不能胜一匹雏[③]，则为无力人矣；今曰举百钧，则为有力人矣。然则举乌获[④]之任，是亦为乌获而已矣。夫人岂以不胜为患[⑤]哉？弗为耳。徐行后长者谓之弟[⑥]，疾行先长者谓之不弟。夫徐行者，岂人所不能哉？所不为也。尧舜之道，孝弟而已矣。子服尧之服，诵尧之言，行尧之行，是尧而已矣。子服桀之服，诵桀之言，行桀之行，是桀而已矣。"

曰："交得见于邹君，可以假馆[⑦]，愿留而受业于门。"

曰："夫道若大路然，岂难知哉？人病[⑧]不求耳。子归而求之，有馀师。"

【注释】

①以长(cháng)：长是超过，以长就是以上。　②奚(xī)：疑问代词，哪里。　③雏：小鸡。　④乌获：古时的大力士。　⑤患：忧虑，担心。⑥弟：通"悌"(tì)，敬爱兄长，泛指敬重长上。本段的"弟"字皆同。　⑦假馆：借住的地方。　⑧病：患，担心。

【要旨】

曹交问道："人人都可以做尧舜，有这样的话吗？"

孟子答道："有。"

曹交又问："我听说文王身高十尺，商汤高九尺，如今我也身高九尺四寸以上，却只会吃饭而已，怎么才可以（成为圣贤）呢？"

孟子答道："哪里是这样（比身高）？需要去做才行啊！要是有人在这里，他的力气不能够拿起一只小鸡，必定是没有气力的人了；假使他说他能举百钧重的东西，他就是有气力的人了。那么，举得起乌获所能举的重量，也就是乌获了。人难道只是担心不能胜任吗？只是不去做罢了。慢点儿走，走在长者之后，叫做悌；走得很快，抢在长者之前，便叫不悌。慢慢地走，难道是人做不到的吗？只是不那样做罢了。尧舜之道，也不过就是孝悌而已。你穿尧的衣服，说尧的话，做尧所做的，便是尧了。你穿桀的衣服，说桀的话，做桀所做的，便是桀了。"

曹交说："我要去见邹国的国君，向他借个住的地方，情愿留在您门下学习。"

孟子说："道就像大路一样，难道还难于了解吗？只怕你不去寻求它罢了。你回去自己寻求吧，老师多得很呢！"

延伸阅读

孟子曾不止一次地表达人人皆可做尧舜的思想，他的前提依然是"性善"。"性善"是一块平等的基石，在这块基石上有"君子"，也有"小人"，有王侯将相，也有平民百姓，谁也不比谁的"性善"多一分。但这只是人天生的本性，人在现实生活中仍然会表现出来善与恶、贤与不肖的差别，是什么造成这种差别呢？这要看个人对复归"性善"所做出的努力，圣人"每日三省"，会逐渐圆满，贤人"三月不违仁"，也会逐渐圆满，君子次之，小人又次之。

曹交误以为人的平等只是外在体貌上的，自己像文王、商汤那样高，

却只能白吃饭，成不了圣贤，这是什么缘故呢？孟子告诉他，他不能成为圣贤只是不愿意努力去做罢了。既然人人都天生具有圆满的德性，为什么不去努力充实它，复归它呢？而充实它并不能凭借长有圣人一般的身材相貌，只有像圣人一样去做人做事才行。曹交明白了这个道理，如醍醐灌顶，希望留在孟子门下继续聆听教诲，可惜说错了话，被孟子拒绝了。孟子曾说别人问他问题时有五种情况他不愿意回答，其中一种便是“挟贵而问”，就是自恃身份尊贵的人来问。曹交炫耀他跟邹君的关系，说可以假馆，这正触犯了孟子的教育原则，便只能吃个闭门羹了。不过通过这一点也可以看出孟子是个言行如一的人，绝不攀权附贵！

问题与讨论

1. 在没有充分成就自己的德性时，我们是“不能也”，还是“不为也”？
2. 表现出来的道德修养和内心的道德感是如何统一的？

第二节　五霸者，三王之罪人也

孟子曰：“五霸[①]者，三王[②]之罪人也；今之诸侯，五霸之罪人也；今之大夫，今之诸侯之罪人也。天子适[③]诸侯曰巡狩，诸侯朝于天子曰述职。春省耕[④]而补不足，秋省敛而助不给[⑤]。入其疆[⑥]，土地辟[⑦]，田野治[⑧]，养老尊贤，俊杰在位，则有庆[⑨]；庆以地。入其疆，土地荒芜，遗老失贤，掊克[⑩]在位，则有让[⑪]。一不朝，则贬其爵；再不朝，则削其地；三不朝，则六师移之[⑫]。是故天子讨而不伐，诸侯伐而不讨。五霸者，搂[⑬]诸侯以伐诸侯者也，故曰，五霸者，三王之罪人也。五霸，桓公为盛。葵丘之会，诸侯束牲载书[⑭]而不歃血[⑮]。初命曰，诛不孝，无易树子[⑯]，无以妾为妻。再[⑰]命曰，尊贤育才，以彰[⑱]有德。三命曰，敬老慈幼，无忘宾旅。四命曰，士无世官，官事无摄[⑲]，取士必得，无专杀大夫。

五命曰，无曲防[20]，无遏籴[21]，无有封[22]而不告。曰，凡我同盟之人，既盟之后，言归于好。今之诸侯皆犯此五禁，故曰，今之诸侯，五霸之罪人也。长[23]君之恶其罪小，逢[24]君之恶其罪大。今之大夫皆逢君之恶，故曰，今之大夫，今之诸侯之罪人也。”

【注释】

①五霸：春秋五霸。 ②三王：夏禹、商汤、周文（武）王，三代的开国之君。 ③适：到……地方去。 ④省（xǐng）耕：考察耕种情况。下文的“省敛”是考察收割的情况。 ⑤不给：不足。 ⑥疆：疆界。 ⑦辟：开辟。 ⑧治：得到治理。 ⑨庆：赏。 ⑩掊（póu）克：聚敛。此处指聚敛的官吏。 ⑪让：责罚。 ⑫六师移之：天子的军队称六师。移之，即开向那里。 ⑬搂（lōu）：挟持。 ⑭束牲载书：古时结盟的仪式。束，捆绑。牲，祭祀用的牛羊等。载，加，放在……上。书，盟书。 ⑮歃（shà）血：饮血。 ⑯无易树子：不要擅自改立太子。无，通“毋”，不要，下面的“无”字都一样。易，更换。树子，已树立的太子。 ⑰再：第二次。 ⑱彰：彰显，表彰。 ⑲摄：兼职。 ⑳曲防：曲，到处。防，堤防。到处筑堤是为了以邻为壑，水淹敌国。 ㉑遏籴：禁止采购本国的粮食。 ㉒封：封赏。 ㉓长：助长。 ㉔逢：引诱，逢迎。

【要旨】

孟子说：“五霸，相对于三王来说，是罪人；如今的诸侯，相对于五霸来说，是罪人；现在的大夫，对于诸侯来说，也是罪人。天子到诸侯之国叫巡狩，诸侯朝见天子叫述职。（天子巡狩时）春天考察耕种情况，补助（种子）不足的人；秋天考察收获的情况，周济（收获）不够的人。一进到某个诸侯国的疆界，如果荒地得到开垦，田野得到治理，老人被赡养，贤者被尊重，杰出的人才立于朝廷，那么就有赏赐；把土地赏赐给它。如果一进到某诸侯国的疆界，土地荒芜，老人被遗弃，贤者失其位，聚敛钱财的人立于朝廷，那么就有责罚。（诸侯该述职时）一次不朝，就降低爵位；

两次不朝，就削减土地；三次不朝，就把军队开到那里。所以天子的用武是‘讨’，不是‘伐’；诸侯则是‘伐’，而不是‘讨’。五霸呢，是挟持一部分诸侯来攻伐另一部分诸侯的人，所以说，五霸是三王之罪人。五霸之中，齐桓公最了不起。在葵丘会盟，捆绑了牺牲，把盟书放在上面，不必歃血。第一条盟约说：诛责不孝之人，不要废立太子，不要立妾为妻。第二条盟约说：尊重贤者，养育人才，表彰有德之人。第三条说：恭敬老人，慈爱幼小，不要怠慢贵宾和旅客。第四条说：士人的官职不要世代相传，公家职务不要兼摄，录用士子一定要得当，不要独断地杀戮大夫。第五条说：不要到处筑堤，不要禁止邻国来采购粮食，不要有所封赏而不上报。最后说，所有参与盟会的人，在订立盟约之后，要言归于好。而今日的诸侯们都违反了这五条禁令，所以说，今天的诸侯是五霸之罪人。君主有恶行，臣下加以助长，这罪行还小；君主还没有恶行，臣下却以这种恶行引诱逢迎他，这罪行就大了。而今天的大夫，都逢迎君主的恶行，所以说，今天的大夫，是诸侯之罪人。”

延伸阅读

春秋战国是我国史书记载的第一个大动荡的时代，战乱频仍，于是产生了五霸七雄，孟子对这些战争的态度是鲜明的：春秋无义战。

孟子主张以仁义治国，反对战争。在仁义的三王时代，天子会巡狩各个诸侯国，该赏还是该罚，这要看当地的治理情况。而诸侯呢，要向天子陈述自己的功劳与过失，如果拒而不朝，就会有大兵压境的危险。但到了春秋时代，开始礼崩乐坏，有些诸侯国坐大称霸，挟天子以令诸侯，他们架空了周天子，表面上行仁义，实际上是为了达到自己不可告人的目的。孟子称这种情况为“久假而不归”，即假借仁义而不能归还之意。从这个意义上说，五霸败坏了三王的法度，是三王的罪人。到了孟子生活的战国时期，就更加每况愈下了，诸侯之间互相征伐，连表面的仁义也不顾了。造成这种局面的原因在哪里呢？孟子认为应归咎于诸侯国内的大夫们。自己的君主不行仁义，不能劝阻，也就罢了，竟然还引诱他们称帝称王，比如，

当时有人就怂恿秦齐二国，一个称“西帝”，一个称“东帝”，真是是可忍也，孰不可忍也！这当然是对法家纵横家的那些士大夫们的声讨。

葵丘会盟的五条盟约很值得品味，其中反映了不少古代的社会、政治、经济、军事、文化生活状况。比如，“无以妾为妻”，说明早在春秋初期妻妾倒置的现象已很普遍了。“无忘宾旅”，说明当时开始重视贵宾和旅客，为后来的战国游说之风提供了条件。“士无世官”，我们的先民很早就注意杜绝“官二代”了。“官事无摄”，说明先民们很早就注意避免身兼数职，以免专权了。可惜这个盟约的精神并没有继承下来！

问题与讨论

1. 如何看待契约精神？契约精神是现代社会所必需的吗？
2. 政治是否只是统治者的事业，和人民大众无关？

第三节　今之所谓良臣，古之所谓民贼

孟子曰：“今之事君者皆曰，‘我能为君辟土地，充府库。’今之所谓良臣，古之所谓民贼也。君不乡[①]道，不志于仁，而求富之[②]，是富桀也。‘我能为君约与国[③]，战必克[④]。’今之所谓良臣，古之所谓民贼也。君不乡道，不志于仁，而求为之强战，是辅桀也。由[⑤]今之道，无[⑥]变今之俗，虽与[⑦]之天下，不能一朝[⑧]居也。”

【注释】

①乡：通“向”。　②富之：使动用法，使之富。　③与国：相与之国，即盟国。　④克：胜。　⑤由：遵循。　⑥无：通“毋”，不。　⑦与(yù)：给予。　⑧一朝(zhāo)：一天。

【要旨】

孟子说：“今天为君主办事的人都说，‘我能为君主开辟土地，充实府

库'。现在所说的能干的臣子正是古时所谓的民贼。君主不立志向往大道仁义，却想使他府库充实，这等于使夏桀富足。（还有的说）'我能为君主邀结盟国，每战一定取胜。'现在所说的能干的臣子正是古时所说的民贼。君主不立志向往大道仁义，却想为他竭力打仗，这等于辅佐夏桀。由目前所行的道理，不去改变现在的人心风俗，即使把天下给他，他是一天也坐不稳的。"

延伸阅读

"今之所谓良臣，古之所谓民贼也"，孟子大声疾呼，连呼两句，可见其悲愤之深、感慨之烈了！在先秦的诸子百家中，最富于批判精神的大概就属孟子了，他不但"说（shuì）大人（权贵）则藐之"，而且还敢极力声讨他们是"民贼"。我们知道，"贼"是以窃为生，"窃国"的叫"国贼"，历史上最出名的"窃国大盗"大概就是袁世凯了。而"民贼"呢？应当指窃夺民权的人了。

但孟子所说的"民贼"含义更丰富。他说，如果一个君主不能遵循大道仁义的话，那么他就是像夏桀一样的昏暴之君，这时的大臣如果不能使他改正而把国家治理得很好的话，结果恰恰是给昏君们提供了便利。充实的府库只能供他们大肆挥霍，善良的百姓只能供他们任意驱使。这样的"良臣"只不过是变相压迫人民的"民贼"罢了。孟子的这种思维方式迥出常人的预料，不得不令人佩服！

鲁迅先生把这种"良臣"之流叫作"帮忙"；当然，还有一些想帮"忙"却帮不上的人，只好大唱颂歌，鲁迅先生很形象地把他们叫作"帮闲"。不管如何帮，都不过是帮"夏桀"罢了。孟子深知"帮忙"带来的危害，他发出了警告：如果执政者仍然墨守成规、不思改进的话，即使把整个天下都给他们坐，也只能供他们折腾，他们也绝对坐不长久的。多么振聋发聩啊！然而，历史还是朝着如期的方向发展，战乱依旧，血流不止，许多国家相继消失在历史的烟幕中，扑朔而迷离。孟子的努力徒劳了！不过我们仍然要感激那个时代，那个时代有孟子……

问题与讨论

这样的“忙”，这样的“闲”，具有社会责任感的读书人能去帮吗？

第四节　生于忧患，死于安乐

孟子曰：“舜发①于畎亩②之中，傅说③举于版筑④之间，胶鬲⑤举于鱼盐之中，管夷吾举于士⑥，孙叔敖举于海，百里奚举于市。故天将降大任于是人也，必先苦其心志，劳其筋骨，饿其体肤，空乏其身，行拂乱⑦其所为，所以动心忍性，曾⑧益其所不能。人恒⑨过，然后能改；困于心，衡⑩于虑，而后作；徵⑪于色，发于声，而后喻⑫。入则无法家拂士⑬，出则无敌国外患者，国恒亡。然后知生于忧患而死于安乐也。”

【注释】

①发：兴起。　②畎(quǎn)亩：田野。畎，田间的小沟。　③傅说(yuè)：商王盘庚时的名臣。　④版筑：筑墙。　⑤胶鬲：商纣时的大臣。　⑥士：狱官。管仲辅佐公子纠与齐桓公争位，失败下狱，后被鲍叔牙举荐，起用于狱中。　⑦拂(fú)乱：扰乱，使不得志。　⑧曾：通“增”，增益就是增加。　⑨恒：常常。　⑩衡：阻塞。　⑪徵：表现。　⑫喻：明白。⑬拂(bì)士：拂通“弼”，辅佐。拂士即辅佐之士。

【要旨】

孟子说：“舜从田野之中兴起，傅说从筑墙的工作中被举用，胶鬲从鱼盐的工作中被举用，管夷吾从狱官的手里被释放而被举用，孙叔敖从海边被举用，百里奚从买卖场所被举用。所以上天将要把重任降落在某人身上，一定先要苦恼他的心志，劳动他的筋骨，饥饿他的肠胃，穷困他的身子，他的每个行为皆不能如意，这样，便能震动他的心灵，坚韧他的性情，增

加他的能力。一个人，常常犯错误，才能改正错误；心志困苦，思虑阻塞，才能发奋图强；表现在面色上，吐露在言语中，才能被人了解。一个国家，国内没有有法度的大臣和辅弼之士，国外又没有相与抗衡的邻国和外患的忧虑，经常容易被灭亡。这样，就可以知道忧患使人生存、安乐使人灭亡的道理了。”

延伸阅读

“生于忧患，死于安乐”，既适用于人，也适用于国家。用于人就是“宝剑锋从磨砺出，梅花香自苦寒来”，用于国家就是“多难兴邦”。古今中外，不少伟大的先贤都是从贫苦挫折中磨练出来的。有一句诗叫“自古圣贤多贫贱，何况我辈孤且直”。有一种观点说文明是从监狱里产生的，为什么呢？仁人志士，身陷囹圄，悲愤郁结于胸中，不吐不快，因此发之于声、书之于文，创作了不少光芒万丈的杰作，比如，《周易》乃周文王被关押时演绎而出，《史记》在司马迁入狱之后才更加气势磅礴。甚至有的人不惜用鲜血来书写，谱写普罗米修斯之歌。“文穷而后工”“国家不幸诗家幸”，他们呕的是炽热的心，沥的是流动的血，但绝没有懦弱的饮泣！此外，还有一些“囹圄”，是上帝赐予的，上天给了他们一副非同常人的身躯，他们却造出了非同常人的事业。若非耳聋，怎会有贝多芬那悲怆深沉的《命运交响曲》？若非目盲，又怎有海伦·凯勒那震撼人心的《假如给我三天光明》？是的，“生于忧患”，这是生命的欢歌，这是宇宙的绝唱。他们在忧患中实现自我，在忧患中获得永生。但忧患并非永久不变，也并非人人都处在忧患之中，又当如何对待安乐呢？孟子警告：死于安乐！但这绝不是杜绝安乐，而是万不可溺于安乐而止足不前。“天行健，君子以自强不息”，生命之真在于奔流不息，生命没有目的地，只有走下去！

有人说忧患意识是中国哲学的基调，它充满着大悲情怀而又绝不哭哭啼啼，它充满了为人类的赎罪感而又绝不被动。“朝闻道，夕死可矣”，孔子如是说，其内心深处流动的正是这种大忧大患。人生如寄，忽焉而逝，如何才能不留下遗憾？在先秦诸子那里，这种基调很多，它渗入到中国人

的血液里，一直流了几千年。

问题与讨论

1. 我们怎样才能做到“生于忧患”，避免“死于安乐”？

2. 苦难经历会使我们学到什么，失去什么？

第十四章　尽心章句上

第一节　人不可以无耻

孟子曰："人不可以无耻，无耻之耻，无耻矣。"

【要旨】

孟子说："人不能没有羞耻心。不知羞耻的那种羞耻，真是不知羞耻呀！"

孟子曰："耻之于人大矣，为机变之巧[①]者，无所用耻焉。不耻不若[②]人，何若人有？"

【注释】

①机变之巧：机谋巧诈的事情。　②不若：不如。若，表示比较。

【要旨】

孟子说："（知）耻对于人来说太重大了。搞机谋巧变之事的人，是用不着（知）耻的。如果没别人无耻的话，哪里还用得着跟他比呢？（他再机变也比不上你！）"

延伸阅读

"耻"的意思就是"止"，知所当止。换句话说，就是"君子有所不为"，不该做的事情不要去做。怎样才能不去做呢？就要知耻，心里面要有一杆秤。有了这杆秤，就不至于见利忘义，不至于抛弃人格尊严。孔子也曾说过，"行己有耻""行己"就是实现自我的过程，在这一过程中要有知耻心。假如没有知耻之心，人就会不断放纵自己的贪欲，做官的会贪赃枉法，经商的会造伪劣商品，读书的会摇尾乞怜。

孟子所侧重的是读书人（士大夫），他们有知识有能力，能为社会谋福利，可一旦丧了廉耻，对社会的危害性也很大。贪官奸商图的不过是钱财，读书人若丢了廉耻，就会说违心话，混淆是非，蒙蔽天下后世。孟子对这些人的针砭是极其必要的，只可惜无耻之徒有增无减。到了明朝末年，有一位大学者叫顾炎武，看到这种局面，十分痛心，他振臂疾呼："士大夫之无耻，谓之国耻！"问题何其严重！只可惜他走遍了大江南北，发扬傲骨，砥砺正气，但最终也抵不过极权专制的禁锢，读书人依然见风使舵，有的依附权贵，有的干脆钻到故纸堆里去了。

知耻的关键是什么呢？是要有独立的人格，就是孟子常说的"富贵不能淫，贫贱不能移，威武不能屈"的人格，具备这种人格的人，孟子称为"大丈夫"。有了这种人格，即可"仰不愧于天，俯不怍于人"，正气浩然，光明磊落。否则，就只能像吸血鬼一样，活在亘古的幽泉之下，时而挤眉弄眼，时而发几声窃笑，而最终，只能在灵魂的大炼狱中承受无休止的煎熬。

问题与讨论

1. 耻作为一种道德底线，能轻易抛弃吗？
2. 为了消除羞耻感给我们带来的精神负累，能否放弃我们的道德信条？

第二节　穷则独善其身，达则兼善天下

孟子谓宋句践曰："子好游[①]乎？吾语[②]子游。人知之，亦嚣嚣[③]；人不知，亦嚣嚣。"

曰："何如斯[④]可以嚣嚣矣？"

曰："尊德乐义[⑤]，则可以嚣嚣矣。故士穷[⑥]不失义，达[⑦]不离道。穷不失义，故士得己焉；达不离道，故民不失望焉。古之人，得志，泽[⑧]加于民；不得志，修身见[⑨]于世。穷则独善其身，达则兼善天下。"

【注释】

①游:游说。 ②语(yù):告诉。 ③嚣嚣:悠然自得的样子。④何如斯:如何,怎样。 ⑤乐义:意动用法,以义为乐。 ⑥穷:不得志,窘迫。 ⑦达:得志,自己的主张得到伸展。 ⑧泽:德泽。⑨见:通“现”。

【要旨】

孟子对宋句践说:“你喜欢到处游说吗?我告诉你游说的态度。人家理解你,你固然可以悠然自得;人家不理解你,你也要悠然自得。(不要把得失放在心上)”

宋句践说:“如何才能悠然自得呢?”

孟子说:“尊重道德,喜爱仁义,就可以悠然自得了。一个士人,在穷困的时候不丧失仁义,在显达的时候不背离大道。穷困时不失仁义,能够圆满自己的人格;显达时不背离大道,能够不使百姓失望。古代的士人,得志就把德泽普加于百姓;不得志,就修身作为世间的表率。穷困就独善其身,显达就兼善天下。”

延伸阅读

“穷则独善其身,达则兼善天下”,这是孟子为后世读书人树立的一个理想的生活模式。当然,这并非孟子原创,《周易》《大学》中早就有这类的说法了,孟子只不过是将其继承发扬罢了。

“穷”分两种情况,一是“国无道”时,君主昏庸,世风日下。二是自己身处贫贱,不能实践自己的主张。在这些情况下应怎么做呢?应“独善其身”。不可阿谀奉承、攀附权贵,不能丧失人格、出卖灵魂。孔子说过,“道不行,乘桴浮于海”,宁愿在海外漂泊也绝不屈膝,这就是“独善其身”的意思。这一点做得最好的大概就属陶渊明了,他“不为五斗米折腰”,甘愿隐居田园,“修身见于世”,成为后世效法的榜样。有人说,这不也是邀名取利吗?绝不是。陶渊明一生偃蹇,安贫乐道,直到死后多年才被后人

发现他的价值，给他谥号“靖节先生”。

“达”也有两种情况，一是“国有道”时，政府重视人才；二是自己的主张被朝廷实行。这些情况一般都发生在王朝更迭时期，国家百废待兴，正需要人才。这时的读书人不能推卸责任，要“兼善天下”，要有“吾曹不出，奈苍生何”的情怀，要有“士大夫与皇帝共治天下”的气魄。诸葛武侯一面“躬耕于南阳”，可谓“独善其身”了，然而另一面却“自比管仲乐毅”，一旦刘备三顾，便毅然隆中对策，三分天下，这又可谓“兼善天下”了。

不得不指出的是，虽然在“国无道”的时候需要“独善其身”，但更需要站出来为民请命。当然，这样的人首先要能够“独善其身”，否则，只能与泥沙而俱下，同流合污了。这样的人还会以冒天下之大不韪的勇气去批判、去抨击，用文字做标枪，投向黑暗专制势力，即使背上十字架也在所不惜。其实，孟子正是这样的一位勇士！

问题与讨论

1. “独善其身”是“两耳不闻窗外事”吗？
2. 生活的困境会给人的情感带来多大考验？

第三节 士尚志

王子垫[①]问曰：“士何事？”

孟子曰：“尚[②]志。”

曰：“何谓尚志？”

曰：“仁义而已矣。杀一无罪非仁也，非其有而取之非义也。居[③]恶[④]在？仁是也；路恶在？义是也。居仁由[⑤]义，大人之事备[⑥]矣。”

【注释】

①王子垫：齐国的王子，叫垫。　②尚：有追求、实现的意思。

③居：可以安住的地方。　④恶（wū）：表示疑问，哪里。　⑤由：与“路”的意思相应，遵循。　⑥备：完备。

【要旨】

王子垫问道：“士该做什么事？”

孟子答道：“追求一种高尚的志向。”

又问：“怎样才是追求一种高尚的志向？”

孟子答：“行仁和义罢了。杀一个无罪之人，就是不仁；本非自己所有，却去取了来，就是不义。（此心）应安住于何处呢？仁便是；何为行事之道呢？义便是。安住于仁，行事由义，大丈夫的工作就齐全了。”

延伸阅读

不少人常常说要树立远大的志向，譬如，要当一个科学家，要成一个政治家等，但这是真正的“尚志”吗？有学者讥讽道，这不过是满足自己的小小私欲罢了。真正的志向，是孔子的“志于道”，“道”是什么呢？就是孟子在这里所说的“仁义”了。具体来说，是要人成就自己的独立人格，圆满自己的品德，这个事业即是成圣成贤的事业。这话知之虽易，行之却难，一旦立志去做，即可“天雨粟，鬼夜哭”。借用陈寅恪先生的话说，“一切都是小事，唯此是大事”！

“尚志”是一种力量，是生命为了追求自我圆满所迸发的力量，是生命界生生不息、循环不已的力量。拥有这种力量的人，就是孟子所说的“大人”“大丈夫”，他们可以逆流直上，可以宁折不弯，也可以安贫乐道。原因在哪里？在“居仁由义”。“居仁”即安住在“仁”的境界，时时持有一颗仁心；“由义”即仁心在具体行事中的应用，做事要依照“义”的原则，使事情各得其所，各得其宜。“仁心”是内在的，“由义”是外在的，做到了这两者，我们的生命就趋于圆满了，于是“大人之事备矣”！

当然，“仁义”的含义是极其丰富的，这里展现的不过是雪泥鸿爪。由于提问的人是齐国的王子，握有生杀予夺的大权，所以孟子只强调不要杀

无罪的人，不要聚敛不该要的财物。从这一点我们可以看出孟子的教育方式是何等的灵活，他不是千篇一律，而是审时度势、有的放矢，我们可以想象，孟子的这一句话也许救了多少无辜之人的性命！

问题与讨论

1. 如何正确区分志向与私欲？
2. 除了成为道德高尚的人，我们还应该树立什么样的志向？

第四节　舜视弃天下犹弃敝屣

桃应问曰："舜为天子，皋陶[①]为士[②]，瞽瞍[③]杀人，则如之何？"

孟子曰："执之而已矣。"

"然则舜不禁与[④]？"

曰："夫舜恶[⑤]得而禁之？夫有所受之也。"

"然则舜如之何？"

曰："舜视弃天下犹弃敝屣[⑥]也。窃负[⑦]而逃，遵[⑧]海滨而处，终身䜣然[⑨]，乐而忘天下。"

【注释】

①皋陶（gāo yáo）：舜时的贤臣。　②士：这里指执法之官。　③瞽瞍：舜的父亲。　④与：同"欤"。　⑤恶：表示疑问，怎么。　⑥敝屣（xǐ）：旧鞋。　⑦窃负：偷偷地背着。　⑧遵：沿着。　⑨䜣然：快乐的样子。䜣，同"欣"。

【要旨】

桃应问道："舜做天子，皋陶做法官，假如瞽瞍杀了人，该怎么办？"

孟子答道："（皋陶）去把瞽瞍逮捕起来罢了。"

"那么，舜不禁止吗？"

孟子说："舜怎么能禁止他？（皋陶）是有权这样做的。"

"那么，舜该怎么办呢？"

孟子说："舜把抛弃天子之位看作丢弃一只旧鞋子一样。偷偷地背着父亲逃走，沿着海滨住下来，终身快乐，把曾经做过天子的事情都给忘记掉。"

延伸阅读

这是孟子一书中比较著名的公案，像《论语》中的"攘羊"故事一样，讲的是法理与人情之间的关系问题。

舜以孝闻名天下，他的父亲瞽瞍同他的后母多次设计陷害他，想置他于死地，但他不仅不记恨，反而孝敬如故。当父亲用小棍子打他时，他便领受；用大棍子打他时，他便逃走。孔子称赞说这是真孝，为什么呢？因为这样可以使父亲出气而不至于打伤自己，父亲也不至于背上打伤儿子的恶名。后来，舜就凭借着这样的名声，被尧看中了，不但把天下交给了他，还把娥皇、女英两个女儿嫁给了他。

桃应根据这些故事做了一个假设，来问孟子，假如瞽瞍杀了人，舜该怎么办呢？是依照国家法律让他抵死，还是遵守孝道而保护他？依前者则不孝，依后者则枉法，进退维谷，很难办。圣明的大舜采取了一个双全之法：像丢弃旧鞋一样放弃天下！自己悄悄地带着父亲逃到海边，耕田自乐，日出而作，日入而息，连天下是什么都忘得一干二净了。这是圣人的境界，是大道，是良知良能。这样一个生命是自由自在的，它不计较荣辱得失，不为天下名利所缚，干干净净，洒洒脱脱，剩下的只有快乐了。

然而，虽然人人都有尧舜那样先天的德性，但在现实中能做到的却少之又少，毕竟，对于世俗中的人来说，有谁能像扔掉一只旧鞋子一样抛弃天下呢？这对那些历经千辛万苦打下天下的人来说，无异于与虎谋皮！几千年来，苦难中的人民常常希望能生逢盛世，天子英明，但这种几率是何其之小啊！即使碰上了，依然免不了"兴，百姓苦；亡，百姓苦"的厄运。人民自己不能做主，指望几个少有的圣贤，又何济于事呢？不过是杯水车薪罢了。

问题与讨论

1. 在现代，当“道德”与“法律”产生冲突时，应该怎么办？
2. 法律对于立法者、执法者和守法者是否有相同的意味？

第十五章　尽心章句下

第一节　尽信书，不如无书

孟子曰："尽信书[①]，则不如无书。吾于武成[②]，取二三策[③]而已矣。仁人无敌于天下，以至仁伐至不仁，而何其血之流杵[④]也？"

【注释】

①书：专指《尚书》。　②武成：《尚书》中的一篇。　③二三策：二三，是虚指，形容很少；策，竹简，那时的书刻在竹简上。　④杵：同"橹（lǔ）"，大盾。

【要旨】

孟子说："完全相信《尚书》所记载的，还不如没有《尚书》。我对于《武成》那一篇，所取的不过两三页罢了。仁人既然在天下没有敌手，凭周武王这极为仁道的人来讨伐商纣这极为不仁的人，为什么还会血流成河，甚至把大盾都漂起来了呢？"

延伸阅读

这里的《书》专指《尚书》，但我们宁愿把它理解为一般的书。孟子的这段话折射出了极其闪光的怀疑精神，说明他绝不是一个拘泥不化的腐儒。

在三千年前的中原大地上，爆发了一场空前激烈的鏖战，周武王率领正义之师讨伐商纣，战于牧野，血流漂杵。史官们把这件事记录下来，后来由孔子整理编进《尚书》。但孟子却提出了质疑：既然周武王是仁义之师，商纣是暴虐之君，最仁义的伐最不仁义的，为什么还会血流漂杵呢？通过这一质疑，孟子宣布：尽信《书》，不如无《书》。《尚书》虽是孔子删

定，但孟子并没有盲从。让我们来对比一下，在爱琴海的沿岸，同时代的亚里士多德发出了这样的豪言："我爱我师，但我更爱真理！"二者何其相似！不免让人想起陆九渊的那句名言："东海有圣人出焉，此心同也，此理同也；西海有圣人出焉，此心同也，此理同也。"

然而，究竟是《尚书》的记载错了，还是武王伐纣错了？孟子当然持第一种见解，他曾说武王伐纣是"诛一夫纣也"，诛讨商纣这个独夫民贼是应该肯定的。我们没必要深究孟子怀疑的是什么，我们首先要看重的是怀疑精神。民国时期有位大学者叫胡适，他说：做学问要于不疑处有疑，做人要于有疑处不疑。这话很值得我们细细品味。没有怀疑，就不会有人类社会的进步。如果哥白尼不怀疑，我们仍然还活在地心说时代；如果达尔文不怀疑，人类依然是上帝用土捏就的玩偶。怀疑就是对旧有事物、旧有秩序的不信任，只有不信任才能发现其中的不合理，才会提出改进。一个不允许怀疑的时代一定是黑暗的时代、专制的时代，由于黑暗，所以才怕怀疑之光，由于专制，所以才不允许异见。当然，怀疑不是目的，只是手段，既要善于怀疑，也要善于呵护，怀疑社会的不合理，呵护人类的真文明。愿怀疑之光长明不熄！

问题与讨论

1. "真理"与"权威"冲突时，我们能坚守"真理"吗？
2. 正义之师就一定能打胜仗吗？

第二节　民为贵，社稷次之，君为轻

孟子曰："民为贵，社稷①次之，君为轻。是故得乎丘②民而为天子，得乎天子为诸侯，得乎诸侯为大夫。诸侯危③社稷，则变置。牺牲④既成，粢盛⑤既絜⑥，祭祀以时，然而旱干水溢，则变置社稷。"

【注释】

①社稷：古时帝王、诸侯祭祀时的土地神叫社，谷神叫稷。社稷通常象征一个国家，社稷的改变就意味着国家的存亡。 ②丘：众。 ③危：危害。 ④牺牲：祭祀用品，包括猪、牛、羊等牲畜。 ⑤粢(zī)盛：祭祀用的谷物。 ⑥絜：通“洁”。

【要旨】

孟子说：“百姓最重要，土谷之神次之，君主为轻。所以得民心者可为天子，得天子之心者可以做诸侯，得诸侯之心者可以做大夫。诸侯败坏社稷，那就改立。祭祀的牺牲已经完备，谷物已经洁净，按时祭祀，但是却还有旱涝之灾，那就改立土谷之神。”

延伸阅读

《孟子》一书中有两处容易让大众误会的地方，其一是把天下“定于一”简单地等同于“大一统”，其二便是把“民贵君轻”混同于“民主”，这些对于学者们也许不成问题，但这里仍然不厌其烦，特意提醒一下。

从《尚书》的“民为邦本”到孟子的“民贵君轻”，再到唐太宗的“民水君舟”，都在一脉相承地警告帝王们：要善待百姓，做百姓的好主人！历朝历代，人民和土地都是帝王的两大私产，是统治的基础。土地是不动产，人民却是动产，他们可以逃亡，也可以揭竿而起，因此，明智的做法是善待自己的子民。虽然由于时空的限制，孟子不可能提出真正的民主思想，但作为一种“仁政”思想在那个时代仍然有不可磨灭的价值。孟子的“仁政”较之其他人是很激进的，他甚至提出了变置国家变置社稷的主张，但现实是：君主岂是说废就废的？过了一千六百年之后，朱元璋还因这个“大胆荒谬”的主张对孟子愤恨不已，直到把孟子迁出文庙才算出了口恶气。“民贵君轻”，这不过是孟子的理想罢了。当然，我们不必苛求孟子，在当时没有“民主”土壤的国度里，孟子的呼吁已经是一剂最好的镇静药，它可以抑制一些帝王无止境的私欲，而先民们也会因此同沐天恩。在迈入21

世纪的今天，“民贵君轻”已同明日黄花，“人人平等”才是应当普及的观念，但为了反思，为了继承传统文化，我们仍然要正视它。

问题与讨论

“君为轻”这种说法和帝王自谦称“孤”道“寡”有没有内在统一性？

第三节　养心莫善于寡欲

孟子曰：“养心莫善于寡欲。其为人也寡欲，虽有不存①焉者，寡矣；其为人也多欲，虽有存焉者，寡矣。”

【注释】

①存：有安、立的意思。《孟子》前文有“存其心，养其性”，《周易》中有“闲邪存其诚”“修辞立其诚”，俗语中常说“存什么心”“安什么心”“立什么心”等等，虽然意思已变，本义应该相去不远。

【要旨】

孟子说：“修养心性没有比减少物质欲望更好的了。如果一个人能寡欲，那么即使他的善性有所丧失，也不会太多；如果一个人嗜欲太多，那么他的善性即使有所保存，也是极少了。”

延伸阅读

为什么“寡欲”能“养心”呢？庄子有一句话叫做“嗜欲深者天机浅”，意思是说如果一个人嗜欲太多的话，他身上保留的天真就会相应减少。每日在世俗的贪欲中滚来滚去，变得圆滑世故，机巧百出，就把原来的天真丧失了。孟子称这种情况为“失其本心”。本来一颗心干干净净的，却被污染得面目全非。欲望越多，心就越容易被污染，心越被污染，欲望也就越多，恶性循环，最终搞得茶不思，饭不香，睡不稳。于是求医问药，但这只救得生理的心，却不能救那颗日渐失去的“本心”。如何才能治标治本

呢？俗话说“三分治七分养”，就是要养心，怎么养？寡欲。一茶一饭可以适口，就不必山珍海味，一庭一院可以安居，就不必广厦高楼，少一些喧嚣，多一些宁静，“本心”自然复归，繁华落尽，真淳自现，这就是养心。

也许有人会说，这种寡欲若普及了，如何刺激消费，如何拉动经济增长？的确，人们的嗜欲一定程度上促进了经济的发展，但是，千万不要忘记，发展经济是为了什么？不还是为了“人”的快乐生活吗？我们怎么能舍本逐末呢？看一看资源的枯竭、环境的破坏、人心的空虚，我们还有什么底气大谈发展经济呢？寡欲并不是让人躲起来，消极避世，恰恰是让人更长远更全面地实现社会发展。寡欲是内守，积极奉献是外攻，两者可以并行不悖，如果内不能自守，一味外攻，鲜有不亡者。

问题与讨论

1. 在这个纷繁复杂的社会中，我们如何养心自守？
2. 如何处理欲望和生活保障之间的关系？

第四节　无有乎尔

孟子曰：“由尧舜至于汤，五百有余岁[1]；若[2]禹、皋陶，则见而知之；若汤，则闻而知之。由汤至于文王，五百有余岁，若伊尹、莱朱[3]，则见而知之；若文王，则闻而知之。由文王至于孔子，五百有余岁，若太公望、散宜生[4]，则见而知之；若孔子，则闻而知之。由孔子而来至于今，百有余岁，去[5]圣人之世若此其未远也，近圣人之居若此其甚也，然而无有乎尔[6]，则亦无有乎尔。”

【注释】

①岁：年。　②若：像。　③伊尹、莱朱：商汤的两位大臣。　④太公望、散宜生：周文王的两位大臣。太公望就是姜太公。　⑤去：离。

⑥无有乎尔：没有这样的人了。

【要旨】

孟子说："从尧舜到商汤，经历了五百多年，像夏禹、皋陶，是亲见尧舜之道的；像商汤，是靠听说才知道的。从商汤到文王，经历了五百余年，像伊尹、莱朱，是亲见商汤之道的，像文王，是靠听说才知道的。从文王到孔子，经历了五百多年，像太公望、散宜生，是亲见文王之道的，像孔子，是靠听说才知道的。从孔子到现在，一百多年了，离圣人所在的时代像这样的不远，距离圣人的家乡如此之近，但是没有这样继承的人了，竟没有继承的人了！"

延伸阅读

孟子在当时是寂寞的，他像孔子一样，为了推行自己的主张，四处游说。他纵横捭阖，却只给人们留下一个"好辩"的印象，他曾无奈地吐露心声："予岂好辩哉，予不得已也。"在那个战乱频仍、波谲云诡的时代，又有哪一个君王有耐心倾听一位老人"不合时宜"的高论呢？然而，孟子虽处处碰壁，却依然浩气长存，依然自得其乐。他的精神支柱何在？在于仁，在于义，在于"五百年而有王者兴"所传的大道。由尧舜到商汤，由商汤到文王，再由文王到孔子，其中的传承被后来的儒家叫作"道统"。孟子是孔子的三传弟子，当然也有以正道自命的情结。他慷慨激昂，大有"舍我其谁"之意。他口诛杨墨之"邪说"，声讨诸侯之暴行，不遗余力，然而，世道江河日下，又岂是区区一人能够挽其狂澜。他砥砺士气，发扬节操，呼吁忧患意识，却恨无补天之手，难支大厦之将倾。他是先知先觉，而先知先觉注定将与寂寞为友！孟子是寂寞的，这一寂寞就是一千年。很少有人回应他的呐喊，他那哀婉回还的"无有乎尔"在历史的天空中飘荡，直到一千年后的唐朝，才传来了韩愈的回音，这个回音说："轲死，不得其传焉。"他把孟子正式定为儒家道统的一环，而后，孟子才重新回到庙堂，并被戴上"亚圣"的桂冠。

然而无有乎尔，则亦无有乎尔……

问题与讨论

1. 韩愈继承了孟子“舍我其谁”的精神，才能够“文起八代之衰”，我们能凛然而起，慷慨向前吗？

2. 太平盛世一定是极少数杰出人物的贡献吗？人民群策群力不可以实现吗？